民法への招待

〔第6版〕

池田 真朗 著

税務経理協会

第６版はしがき

平成９（1997）年に初版を出版した本書は，幸い多数の読者の支持を得て版を重ね，23年目を迎えて第６版を発行することになった。第５版（2018年４月）では，2017年６月２日に公布され2020年４月１日に施行された，債権法分野を中心とする民法大改正を取り込んで，全面的な改訂を施したのだが，一方で，出版後の2018年６月から2019年６月にかけて，家族法分野（民法の親族編と相続編）に関わる重要な改正が相次いで行われた。この第６版では，それらに迅速に対応し，2020年代の最新民法入門書としての形態を整えた次第である。

2017年の債権関係の改正は，新聞報道などでは，消費者保護にも配慮した身近な内容の改正とも伝えられたが，実際には，企業等がかかわる取引法的な側面に多数の改正がなされたものである。

そして今回の家族法分野の改正は，成年年齢の引き下げ，婚姻年齢の男女同一化，特別養子の対象範囲の拡大，自筆証書遺言の様式の簡略化，遺留分の考え方の変更（侵害部分の金銭支払請求権へ），配偶者居住権の創設，特別寄与者制度の創設等，多岐にわたる。これは，社会の少子化・高齢化，生活スタイルの多様化を反映し，そして個人の自由（意思決定）の尊重の方向を示しているものと言える。

このように見てくると，現代社会の変化・多様化に，民法という私法の基本法がいろいろと対応を迫られる時代になったことが理解される。そしてそのことは，限られた分量でコンパクトに民法全体を解説する作業が，より困難になってきたことを示しているともいえる。

そのような状況の中で，この第６版では，初版以来のコンセプトである，法学部以外に在籍する学生や，他の専門分野を学んだ社会人の人たちにも，わかりやすく民法の全体像を伝える，という本書独自の特徴を維持・強化することに務めた（この点については，特に本書第10章学習アドバイスの中の，各専門分野別の読者への記述を参照されたい）。

幸い，初版以来，本書の利用形態は著者の意図を超えるほどに多様化してきた。多くの大学や短期大学の民法入門テキストとして採用されてきただけでなく，各種大学校や民間企業の研修機関のテキストとしても広く用いられている。各種資格試験で民法関連の科目を勉強する必要のある人たちや，いわゆる法学完全未修者で法科大学院を目指す人たちにも，本書で民法のアウトラインをつかんでいただき，かつ，自分に法律学の適性があるのか（法律学を面白いと思えるか）を判断する，リトマス試験紙のように用いてもらえると良いと思う。

さらに，最近は，社会人のリカレント教育やスキルアップ教育が大変重要視されるに至っている。そのためのテキストとして本書の適格性が認められていくことも，著者としては意識しているところである。

また本書は，クメール語に訳されてカンボジアの法学教育に貢献できただけでなく，この度，中国語版も出版されるに至った。

クメール語版は，『日本カンボジア法律家の会』（共同代表＝櫻木和代弁護士・木村晋介弁護士）のご尽力によって実現したもので，母国語で書かれた法律書がほとんど皆無の状態になっていた復興途上のカンボジアに，法学教材として寄贈し活用する運動で取り上げられたものである。2000年12月から，翻訳ができた部分から数回にわたりプノンペンにある王立法律経済大学や司法省，弁護士会，裁判官養成所に寄贈された（訳者は当初ラオ・キム・リアン氏，その後は，名古屋大学准教授となるクォン・テイリー氏）。2004年には財産法部分の翻訳が完成し，さらに2008年には本書第３版補訂の全訳が完成して寄贈された（本書に掲げる表紙写真参照）。同国では，2007年末に新体制下での新民法典が完成し公布されたが，本書が，急速に復興した同国の法学教育の一端を担えたことを，光栄に思う（現在も同翻訳は塩澤一洋成蹊大学教授のご尽力で，masaoikeda.com のドメインでカンボジアの学生諸君は無料で読むことができ，さらに最新版への改訂作業も進められているという）。

さらにこの度，本書第５版の翻訳である中国語版『民法的精義』（第５版）が，朱大明武蔵野大学教授（前北京大学准教授）らのご尽力で，2020年６月に清華大学出版社から出版されるに至った。訳者は，朱教授のほか，陳宇名古屋商科大学准教授，金安妮武蔵野大学専任講師，王梓電装（中国）投資有限会社法務部法務専員，である。朱教授以下ご尽力を賜った先生方には，深甚の謝意を表したい。

本書が，海外の諸国にも日本民法の全体像を紹介する役割を果たせることは，著者としてまさに望外の喜びである。

本書の出版にあたっては，初版でまず税務経理協会の加藤勝彦氏にお世話になり，その後峯村英治氏等何代かの編集者の手を経て，この第６版に至って，再度加藤氏にご担当をいただくことになった。四半世紀に近いご支援に感謝するばかりである。

2020年９月

池田真朗

初版はしがき

人が新しく一つの学問領域を学び始めたいと思い立ったとき，最初にどんな書物に出会えたら幸福といえるのだろうか。それが自分の主たる専門分野と異なる分野の学問である場合には，なおのこと，最初の書物との出会いが，決定的な影響を及ぼしかねない。時間をロスするだけでなく，もうこの領域を学ぶことはやめた，と思ってしまう場合もないわけではなかろう。

この本は，民法という，法律学の最大の基本科目に，これから法律学を学ぼうとする読者をいざなうために書かれたものである。

主として，経済・商学関係を中心に学んでいる（学んできた）人を念頭に置いているが，たとえば理科系の専門分野を持つ人にも，文学系の専門分野を持つ人にも，なるべく違和感なく読んでいただきたいと思うし，入口で戸惑っている法学部生にも，こんな形で学習に入ればよいのか，と思ってもらえれば有難いと考えている。大学・短期大学・各種大学校のテキストとして使用する場合は，法律学以外を専門とする人たちを対象にした，１年間で民法の概略を学ぶための講義に高い適性を持つよう，工夫したつもりである。

さて，たとえばこれが推理小説なら，読者にスリルに満ちた極上のひとときを提供できればそれで十分に役目を果たすであろう。しかし，学問の入門書はそうはいかない。読み終わって完結，ではなく，読み終わったところが始まりなのである。もっと言えば，まず「読み終わってもらうこと」が入門書の著者の第1の使命であり，読み終わったときに，「さらに先に進もうという気になってもらうこと」が第2の使命である。

実はこれはたやすいことではない。つまるところ，おざなりでない，読者の立場に立った文章を，真心をこめて書き連ねるほかに方法はないのである。

私は，この本を手に取って下さった読者の皆さんに，民法を好きになっていただきたい。民法の魅力をわかっていただきたい。民法をもっと深く知りたい，と感じていただきたい。それだけを念じて，この本を書いた。考えてみればそれは，とりも直さず，民法が好きでこの道を歩んできた私自身をわかっていただくための作業に他ならなかったように思う。

読者に一つだけお願いをしたい。法律学は価値判断を含む学問である。その基本になる民法学は，決して突拍子もない結論を引き出すものではない。世間の多数の人々のコンセンサスを得られるような，多数の人々がその経験から納得できるような，常識的な価値判断が積み重ねられている学問である。だから，よく考えてみれば，少しも難しいことはないのである。けれども，それを学ぶためには，どうしても文章の形で，言葉を使って学ばなければならない。記号や数式で表すわけにはいかないのである。そこで，普段記号や数式を相手にしている人たちも，民法を学ぶためには，「言葉」を相手にしなければならない。読者には，この１冊の文章をどうか我慢して最後まで読んでいただきたいのである。

そのお願いをする以上，私はこの本では，以下のことを心がけた。①なるべく平易な，日常的な言葉を使うこと。②一つひとつの概念をなるべくわかりやすくするため，例を挙げたり図解をしながら説明すること。③一つの概念を説明するのに，まだ説明していない別の概念を持ち出すことをしないようにすること。

どれも当たり前のことのようだが，たとえば，私が学生の頃に手に取った法律学の大先生の本は，必ずしもそうではなかった。いや，①も②も③も，心がけられてはいないもののほうが多かったように記憶する。学者は，専門用語を自明のものとして使うことを誡めなければならない（これは，社会科学でも自然科学でも同じである。数学を学ぶ者なら誰でも知っている記号が，ある人にとっては意味不明の暗号であるのと同じように，法学者の使う言葉が，別の人にとっては意味不明の符牒に聞こえることも多いのである）。そして，やさしいことを難しく書いてはいけない。肝心なのは，難しいことをどれだけ（正確さを失わずに）やさしく書けるかであろう。

そして本書では，さらに読者の理解を助ける工夫として，本文のところどころにKey wordという項目を置いた。民法全体を通して，日常用語と異なった意味で使われたり，特定の定義にしたがって使われたりする用語を取り上げてある。

私が上記の①から③をどれだけきちんとできているかは，読者の判定に待つしかないが，とにかく，ベストを尽くしたつもりである。

それでは，どうぞここから民法学の世界へ，頁をめくっていただきたい。

＊　＊　＊

本書は，「税経セミナー」1996年１月号から８月号までに掲載された同名の連載に大幅に加筆して成ったものである。連載時から本書の完成まで，根気よくお付き合い下さり，励まして下さった税経セミナー編集部の加藤勝彦氏に，厚く御礼を申し上げたい。

1997年５月11日

池田真朗

សៀវភៅណែនាំសិក្សា

ច្បាប់រដ្ឋប្បវេណី

(ករណីប្រទេសជប៉ុន)

និពន្ធដោយ អ៊ីកិដា ម៉ាសាអូ

ប្រែសំរួលដោយ គង់ ទេលី

本書第３版補訂のクメール語版（2008年）

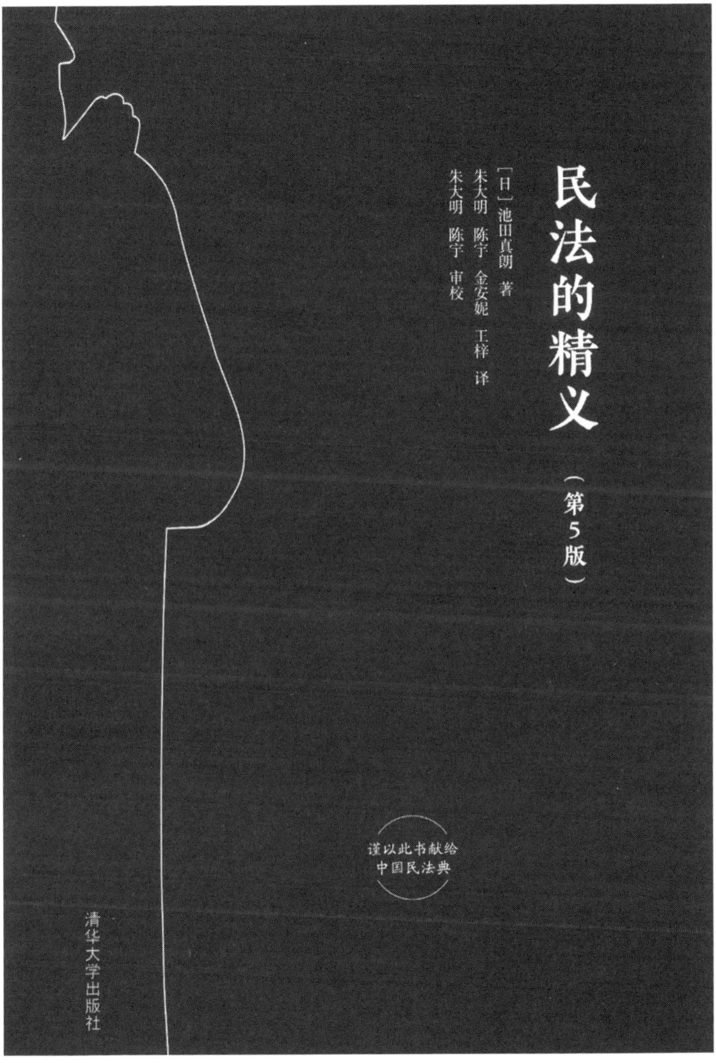

本書第5版の中国語版（2020年）

目　　次

第６版はしがき ……1
初版はしがき ……4

第*1*章　ガイダンス ……1
Ⅰ　開講ベルの鳴る前に ……2
Ⅱ　読者へのメッセージ ……2
Ⅲ　学習の準備 ……4
1　民法学習に入る精神的準備（4）
2　民法学習に入る物的準備（5）
Ⅳ　民法の対象範囲 ……7
Ⅴ　民法典の概観 ……8
1　民法典の構成（8）
2　物権と債権（9）
3　民法典の成立と沿革（10）
Ⅵ　法体系の中の民法の位置づけ ……11
1　私法の基本法としての民法（11）
2　一般法と特別法（12）
Ⅶ　民法の特徴―意思自治（私的自治）の原則 ……13
1　意思自治の原則と契約自由の原則（13）
2　任意規定と強行規定（14）
Ⅷ　小括―民法の学習の考え方 ……16

第**2**章　民 法 総 則……………………………………………19
Ⅰ　民法総則の性質と学習の順序 ……………………………20
Ⅱ　民法総則の学習にあたって ………………………………22
1　民法総則のポイントと学習の手順（*22*）
2　民法総則の最初の規定（*23*）
Ⅲ　民法総則の重点学習 …………………………………………25
1　意思表示と法律行為（*25*）
⑴　意思表示（*25*）　⑵　法律行為（*26*）　⑶　公序良俗違反の法律行為（*27*）
2　制限行為能力者の保護（*27*）
⑴　意思能力と行為能力（*27*）　⑵　制限行為能力者（*29*）
⑶　制限行為能力者の保護（*30*）
3　問題のある意思表示（*33*）
⑴　序説（*33*）　⑵　詐欺・強迫による意思表示（*34*）
⑶　錯誤による意思表示（*36*）　⑷　心裡留保（*38*）
⑸　通謀虚偽表示（*38*）
4　代理・無権代理・表見代理（*39*）
⑴　意思自治と代理制度（*39*）　⑵　法定代理と任意代理（*39*）　⑶　無権代理と表見代理（*41*）
5　無効と取消し（*42*）
6　条件・期限（*43*）
⑴　序説（*43*）　⑵　条件（*44*）　⑶　期限（*44*）
7　時　　効（*45*）
⑴　消滅時効と取得時効（*45*）　⑵　時効期間の計算（*47*）

(3)　時効の更新と完成猶予 (48)　　(4)　時効の援用と放棄 (49)
(5)　時効制度の存在意義 (50)

8　法　　人 (50)

(1)　序説 (50)　　(2)　社団法人と財団法人 (51)
(3)　一般社団法人と一般財団法人 (52)　　(4)　法人の機関 (53)　　(5)　法人の設立主義 (54)　　(6)　法人の不法行為 (55)　　(7)　法人学説 (55)　　(8)　権利能力なき社団と中間法人 (55)

9　住所・失踪 (56)

(1)　住所 (56)　　(2)　失踪 (不在者の財産管理) (57)

第3章　物権法(1)—物権法総論 ……59

I　物権法の概観 ……60

1　資産としての「物」と物権 (60)

2　物権の定義と物権法定主義 (61)

3　物権の種類 (62)

(1)　所有権 (62)　　(2)　所有権以外の制限物権 (63)
(3)　用益物権 (63)　　(4)　担保物権 (64)　　(5)　占有権 (64)

4　物権法総論と担保物権法の比較 (65)

II　物権法総論の重点学習 ……66

1　物権的請求権 (66)

2　物権変動 (67)

(1)　公示の原則 (67)　　(2)　対抗要件主義 (68)

(3) 対抗問題 (70)　(4) 不動産物権変動の対抗要件 (71)
(5) 動産物権変動の対抗要件 (74)　(6) 動産における占有と即時取得 (76)

3 所 有 権 (78)

(1) 所有権の意義と内容 (78)　(2) 相隣関係 (79)
(3) 所有権の取得 (79)　(4) 共有 (83)　(5) 建物の区分所有 (84)

4 所有権以外の用益物権 (85)

(1) 地上権 (85)　(2) 永小作権 (86)　(3) 地役権 (86)
(4) 入会権 (86)

5 占 有 権 (87)

(1) 序説 (87)　(2) 占有の成立 (87)　(3) 占有の態様 (88)　(4) 占有権の取得 (89)　(5) 占有の効果 (89)

第4章　債権法(1)—契約法 ……………………………… 91

Ⅰ 債権法の概観 ……………………………………………… 92

1 人に対する権利としての債権 (92)

2 資産としての債権 (93)

3 債権法の構成と学習の順序 (94)

Ⅱ 契約総論の重点学習 ………………………………… 94

1 契約の成立 (94)

(1) 契約の定義 (94)　(2) 債権契約 (95)　(3) 契約の部分の規定の意味 (96)

2 契約の分類 (96)

(1) 典型契約と非典型契約（96）　(2) 諾成契約と要物契約，要式契約（97）　(3) 双務契約と片務契約（98）
(4) 有償契約と無償契約（98）

3　契約の効力（99）

(1) 契約の有効性（99）　(2) 拘束力と相対効（100）
(3) 同時履行の抗弁（100）　(4) 危険負担（101）
(5) 第三者のためにする契約（103）

4　債務不履行と契約の解除（105）

(1) 債務不履行の種類（105）　(2) 損害賠償（106）
(3) 契約の解除（107）

5　定型約款（108）

Ⅲ　契約各論の重点学習 ……………………………………109

1　売買契約（109）

(1) 総説（109）　(2) 売買の予約（110）　(3) 手付（110）
(4) 担保責任（111）

2　贈与契約（114）

(1) 総説（114）　(2) 特殊の贈与（114）

3　賃貸借契約（116）

(1) 総説（116）　(2) 賃借人の義務と賃貸人の義務（116）
(3) 借地人・借家人の保護（117）

4　使用貸借契約（119）

5　消費貸借契約（119）

6　請負契約（120）

(1) 総説（120）　(2) 担保責任（121）　(3) 解除（121）

7　委任契約（122）

(1)　総説（122）　(2)　委任者の義務（受任者の権利）（122）

8　寄託契約（123）

9　組合契約（124）

10　その他の典型契約（124）

11　消費者保護とクーリング・オフ（125）

(1)　クーリング・オフの制度（125）　(2)　消費者契約法の成立（126）

第5章　債権法(2)―不法行為法 ……………………127

I　契約以外の債権発生原因 ……………………128

II　不法行為の重点学習 ……………………128

1　不法行為とは（128）

2　不法行為の損害賠償の発想（129）

3　不法行為の成立要件（130）

(1)　故意・過失（130）　(2)　違法性（131）　(3)　損害の発生（132）　(4)　因果関係（132）　(5)　責任能力（133）

4　不法行為の効果（134）

(1)　金銭賠償の原則（134）　(2)　損害賠償の範囲（134）　(3)　過失相殺（135）

5　特殊の不法行為（135）

(1)　総説（135）　(2)　責任無能力者の監督者の責任（136）　(3)　使用者責任（136）　(4)　共同不法行為（137）　(5)　動物占有者の責任（137）　(6)　土地工作物責任（138）

6　不法行為に関するその他の規定（*138*）
7　自動車損害賠償保障法（*139*）
8　製造物責任法（*139*）
Ⅲ　事務管理と不当利得の重点学習 ……………………… *141*
1　事務管理（*141*）
(1)　意義（*141*）　(2)　成立要件と効果（*142*）
2　不当利得（*143*）
(1)　意義（*143*）　(2)　成立要件（*144*）　(3)　効果（*144*）
(4)　不当利得の例外（*145*）

第６章　債権法(3)—債権総論 ……………………………… *147*
Ⅰ　債権総論の概観 ………………………………………… *148*
1　債権総論の内容（*148*）
2　債権の基本的な性質（*148*）
3　債権総論の規定の意義—取引実務上の重要性（*150*）
Ⅱ　債権総論の重点学習 …………………………………… *151*
1　債権の種類（*151*）
(1)　特定物債権（*151*）　(2)　種類債権（*152*）
(3)　金銭債権と法定利率（*153*）　(4)　元本債権と利息債権（*154*）　(5)　選択債権（*154*）
2　債務不履行（*155*）
(1)　債務の強制履行（*155*）　(2)　債務不履行の損害賠償（*156*）
(3)　債権者の受領遅滞（*158*）
3　債権者の権能（責任財産の保全）（*159*）

(1) 責任財産の保全とは（*159*）　(2) 債権者代位権（*160*）
(3) 詐害行為取消権（*162*）

4　多数当事者の債権関係（*164*）

(1) 多数当事者関係を学ぶポイント（*164*）　(2) 分割債権・分割債務（*165*）　(3) 不可分債権・不可分債務（*165*）
(4) 連帯債務（*166*）　(5) 保証債務（*168*）

5　債権譲渡（*174*）

(1) 総説（*174*）　(2) 譲渡制限特約の効力と債権譲渡の有効性　（*176*）　(3) 将来債権譲渡の有効性（*176*）
(4) 債権譲渡の対抗要件（*177*）　(5) 確定日付と二重譲渡（*177*）　(6) 債権譲渡登記（*179*）　(7) 債権譲渡と債務者の抗弁（*179*）　(8) 電子記録債権（*180*）
(9) 債務引受と契約譲渡（契約上の地位の移転）（*181*）

6　債権の消滅（*182*）

(1) 総説（*182*）　(2) 弁済（*182*）　(3) 代物弁済（*185*）
(4) 供託（*185*）　(5) 相殺（*186*）

Ⅲ　民法と企業法務 ……………………………………*187*

第7章　物権法(2)—担保物権法 ……………………*191*

Ⅰ　担保物権法の概観 ……………………………………*192*

1　担保物権の意義と性質（*192*）

(1) 意義（*192*）　(2) 法的性質（*192*）　(3) 担保物権の種類（*193*）

2　担保物権の機能と担保物権法の位置づけ（*193*）

Ⅱ　担保物権法の重点学習 ……………………………………195
1　約定担保物権（195）
(1)　抵当権（195）　(2)　質権（200）
2　法定担保物権（201）
(1)　留置権（201）　(2)　先取特権（202）
3　非典型担保（203）

第8章　親　族　法 ……………………………………207
Ⅰ　家族法の意義と位置づけ ……………………………………208
Ⅱ　親族法の概観 ……………………………………208
1　親族法の内容（208）
2　親族の概念（209）
(1)　親族と親等（209）　(2)　血族と姻族（209）
Ⅲ　親族法の重点学習 ……………………………………210
1　婚　　姻（210）
(1)　婚姻の成立（210）　(2)　夫婦の氏（211）　(3)　夫婦財産制（212）　(4)　日常家事債務の連帯責任（212）
(5)　夫婦間の契約（213）　(6)　婚約と内縁（213）
2　離　　婚（215）
(1)　離婚の手続（215）　(2)　財産分与（215）
3　親子と養子（216）
(1)　親子（216）　(2)　養子（217）
4　親権・後見・保佐・補助（219）
(1)　概説（219）　(2)　親権（219）　(3)　後見と保佐と

補助（221）

第9章　相　続　法 ……………………………………225

Ⅰ　相続法の概観 ……………………………………226

1　相続のしくみ（226）

⑴　相続による権利・義務の承継（226）　⑵　遺言相続と法定相続（226）　⑶　相続の効力（227）　⑷　平成30（2018）年の相続法改正（227）

Ⅱ　相続法の重点学習 ……………………………………228

1　法定相続（228）

⑴　法定相続人（228）　⑵　法定相続分（229）

⑶　指定相続分（231）　⑷　相続人間の公平（231）

2　相続の放棄と承認（233）

3　遺産分割（234）

4　遺言相続（234）

⑴　遺言の方式（234）　⑵　遺贈（236）　⑶　遺言の撤回（237）

5　配偶者居住権（237）

⑴　新設の目的（237）　⑵　配偶者居住権（238）

⑶　配偶者短期居住権（239）

6　遺留分（239）

7　財産分離（241）

8　相続人の不存在（241）

けているけれど，法律の勉強はまだ系統的にやったことがないという人，あるいは，現在大学や短期大学で他の専門を学んでいる人たちに役に立つ本にしたいのである（とにかく，第**10**章のII 2以下の専門分野別アドバイスをまず読んでみてほしい）。さらに具体的には，公認会計士や税理士などの国家試験を目指して勉強している人が初めて民法を学ぶという場合にも最適なものにしたい。

このような設定をする理由が私自身にもひとつある。私は，法学部ではなく経済学部を卒業した経歴を持っている。もっとも，大学紛争の最後の世代で，入学後試行錯誤の末に経済学部在籍のまま法律の勉強を始めたので，卒業間近の段階では学習内容的にはまったく法学部の学生のようになっていたが，それでも，経済学などを学んでいる人が法律に対して感じる取り付きにくさや，学習を始めた段階でも持つであろう学問上の発想の違いからくる違和感などは，他の人よりもよく理解しているつもりである。

そのような経験を生かして，読者の皆さんの法律学に対する抵抗感や誤解を取り除きながら，専門とする民法の面白さを伝えたいと思う。実際，民法学は本当に面白い学問である。そして，法律学の文字通り基礎をなす学問でもある。したがって非常に重要な学問である（どの大学の法学部も，設置科目の単位数が一番多いのは間違いなく民法である）。

それゆえ，民法を勉強して損は絶対にない。そして，こういうひたすら実利的な目的で以下の民法の学習を始めていただいて結構である。しかし，後述するように私法分野の一番の基本法である民法は，我々市民の社会生活それ自体を広範に対象とするゆえに，大変人間的な学問である。最終的に民法をマスターする頃には，実利も得たけれどそれ以上に人間を知った，人間の不完全さと，それでもよりよい社会になるよう努力している人間の姿を見た，という感じが少しでもするようになっていてほしい，というのが，私のひそかな願いである。

Ⅲ　学習の準備

1　民法学習に入る精神的準備

まず，民法学習を始めるにあたって，法律に対する先入観を捨てて，頭をリラックスさせていただかなければならない。

それはどういうことか。まだ法律を体系的に学んでいない人の場合，法律というのは何か国家が決めた絶対のもので，国民が守らされる（守らなければいけない）ものだ，というイメージを持っている人が多いのではないかと考えられる。しかしその考えは，こと民法に関してはほとんど誤った先入観であると申し上げておきたい。

法律の中には，社会の安全や基本的人権の保障などの大きな目的のために，規定通りに国民に守ってもらわなければ困るものももちろん多数存在する。しかし，民法が最も大切だと考えているのは，我々当事者の「**意思**」なのである。判断力のある一人前の市民に，自分たちの自主的な意思でお互いの社会生活関係を形造ってもらおうというのが，民法の基本的なねらいとするところなのである（⇒後述Ⅶの意思自治の原則を参照）。それゆえ民法が定めている規定には「絶対」でないものがたくさんあり，当事者が自分たちの自由な意思で民法の条文と違うルールを作れば，それが最も優先するルールになる，という分野もたくさんあるのである（⇒後述Ⅶ２の任意規定と強行規定を参照）。

したがって，民法学習の際は，「強圧的」とか「堅苦しい」とか「なじみにくい」とかのイメージをまず捨てていただきたいと思う。

2　民法学習に入る物的準備

次に，一つだけ「設備投資」をお願いしたい。これから法律学の勉強を始める人は，まず自分専用の**六法**を持っていただきたいのである。六法というのは，言うまでもなく主要な法律を集めて収録してある本のことだが，六法とは主な六つの法律ということで，**憲法**，**民法**，**刑法**，**商法**，**民事訴訟法**，**刑事訴訟法**を指している。この六つを始めとして，さまざまな法律を収録した本を「六法全書」と呼ぶわけである。今日「六法」というのは，その六法全書を略した言い方である。これを１冊購入していただきたい。

その際の注意をいくつか挙げておこう。

①　書店では「六法全書」を買うのではなく，もっと小さいものを買ったほうがよいのである。小さいものほど収録されている法律の数が少ないわけだが，当初の学習では，『ポケット六法』（有斐閣），『デイリー六法』（三省堂）などという小さなもので当分は（民法やその他の基本的な法律を学ぶ場合は）十分である（初学者向けの必要最小限の法令を収録した六法としては『法学六法』（信山社）がある）。「六法全書」という名前のもの（たとえば有斐閣『六法全書』）を買ったら，重くて家まで持って帰れないかもしれないし，何より学習の際にたびたび引照することを絶対しなくなってしまう。それでは初学者には意味がないので

ある（なお，公認会計士試験を受ける人であれば，商法と民法が載っていればば当座は足りるので上記のアドバイスで問題がないのだが，税理士試験を受ける人で試験科目にはないが民法を勉強してみたい，という人の場合は，小さい六法の場合は試験科目の税関係諸法がすべて載っているかどうかを確認して買うか，六法とは別に『会計法規集』（中央経済社）のようなものを買うかして準備をしていただくのがよいだろう）。

②　それから，六法は必ず自分用のものを購入していただきたい。人からもらった古いので済ませるとか，会社に置いてあるものを利用する，というのはやめていただきたい。法律が改正されている場合，古いものでは条文が違っている，という実際上の理由以上に，これから法律学を学び始めるときの心構えとして，そういう姿勢では問題だと思われるからである。これほど安い設備投資（おそらくは友人との帰りがけの1杯程度）を惜しむようでは先々の成果も期待できないと思われる。

③　なお，特に大学生の諸君に。市販されている六法には，条文と一緒に判例が収録されているものがある。これは学習には便利であるが，大学の法律科目の学年末試験などで六法が持ち込める場合にも，判例付きの六法の持ち込みは許されていないのが普通である。日常の学習用なら『判例六法』（有斐閣）など，判例付きの六法が便利である。今後も法律科目をいくつか学ぼうという人であれば，学習用と学年末試験用の2冊を備えるくらいの心掛けを望みたい。

Ⅳ　民法の対象範囲

民法は，なじみにくいものではなく，我々の日常生活に最も密着した身近な法律である。そしてそれゆえに大変重要な法律ということができる。

具体的に，人の一生と民法の繋がりを見ていってみよう。人はこの世に生を受けたその日から，１人の人間として社会生活を営むための基本的な力（権利能力）を認められる。そして，自分の自由な意思を他人に伝達して，他人との社会関係を造っていく（意思表示）ことになる。しかしまだ子供のうちは，十分な法的関係を作る能力（行為能力）を持たないから，その意思による社会関係の形成は，親の同意など，一定の形態での保護を必要とする（制限行為能力者の保護）。そして人は徐々に，自分自身で自由に使ったり処分したりできる物を持つようになる（物権）。また，他人と自由な意思を合致させて結んだ一定の法的効果を発生させる約束（契約）の中で，他人に一定の行為を要求できる権利（債権）を得ることもある。また中には交通事故などにあい，損害の賠償を請求する人もあろう（不法行為）。もっとも，人間は万能でないし，有限の存在だから，他人に一定の行為を要求したり賠償を請求できるといっても，時間的な限度はあると考えられるだろう（時効）。そして多くの人はやがて人生の伴侶を見つけることになる（婚姻）。結婚して子宝に恵まれる人もあれば（親子），他の人の子を自分の子にする人もある（養子）。こうして，精一杯生きてその人生を終えると，財産を配偶者や子供が受け継ぐが

（相続），生前に財産の処分の方法等を書き残して死者の最終意思を実現させる場合もある（遺言）。

以上述べたことが，全部民法の守備範囲なのである（カッコ内が民法の用語である）。民法は，我々の社会生活に本当に身近なことを対象としているのだということが，実感していただけたであろう。

V　民法典の概観

1　民法典の構成

さて，六法を開いてみよう。ほとんどの六法は，憲法・行政法関係から配列され，その後に民法関係が収録されているものが多い。民法は千条を超える大部の法典で，条文は確かに多いのだが，それは上に述べたように我々の社会生活を広範に対象とするゆえ仕方のないことであって，実はひとつひとつは常識的な規定が多いのである。それゆえ，条文の多さだけで初めから敬遠をしないでいただきたい。

わが国の民法典（大部の法律を法典と呼ぶ）は，総則，物権，債権，親族，相続，という５編からなっている。このうち，前の３編を学習上の呼び方として財産法，後の２編を家族法あるいは身分法と呼んでいる。まず総則は，名称からすると民法全体に共通する規則のようだが，実際の内容は，後続の物権・債権の２編にかかわるもので，財産法に共通な規則とみるのが適切である。本書では，民法の財産法の解説に重点を置くが，家族法の部分（Ⅳに挙げた例の中では，婚姻，親子，養子，相続，遺言が含まれる）についてもひととおりの紹介をしておきたい。ことに，相続法などの財産法と関係するところ，また税理士試験等で各種税法を学ぶ諸君はその前提的知識となる部分などは，押さえておくようにしたい。

2　物権と債権

上に述べたように，「総則」では，「物権」編と「債権」編に共通する規則が定められている（Ⅳに挙げた例では，権利能力，制限能力者の保護，意思表示，時効などが総則に含まれる）。そして「物権」編では，「人の，物に対する直接の支配権」を規定している。代表的な（完全な形の）物権というのが所有権である。所有権者は所有物を自由に使用し，収益を上げ，また自由に処分できる。物権は世の中の誰に対しても主張できる（他人の干渉や妨害を排除できる）絶対的な権利であるので，物権の種類は民法で定められており（物権法定主義），我々が新しい種類の物権を勝手に作り出すわけにはいかない。また「物権」編の後半部分は単なる「物に対する支配権」ではなく，人に対する債権を保全するための手段として（たとえば貸金債権を返せないのならこの物を競売させて売上金から回収することができるというように）物の交換価値のみを支配する，いわゆる「担保」としての物権について規定している。続く「債権」編では，前半で債権の持つさまざまな性質や，債権の発生から消滅までのプロセスについて規定し（この部分が債権編の「総則」であり，ここを講義するのが債権総論である），後半でその債権の発生原因について規定している（この部分は講学上債権各論と呼ばれる）。債権とは「特定の人が特定の人に対して一定の行為などを請求できる権利」であるが，債権の発生原因は四つあり，その最大のものが契約である（他に不法行為等がある）。債権は当事者間だけに有効な相対的な権利であり，我々は自由な契約によって，さまざまな内容の債権を（反社会的な内容のものでないかぎり）自由に作りだすことができる（契約自由の原則，債権の自由創設性）。

3　民法典の成立と沿革

わが国の民法典は，明治29（1896）年に公布され，明治31年から施行されたもので，家族法の部分（725条以下）は第二次大戦後の昭和22年に全面的に改正されているが，前３編の財産法の部分（724条まで）は，最近までほとんどがその公布以来の姿のままであった（そのため，条文は片仮名の文語体で書かれており，濁点も句読点も付いていなかった）。ようやく平成16（2004）年に前３編もすべてひらがな・口語体に現代語化された。それがこのたび2017年に約120年ぶりに大改正され，2020年４月に施行されることになったのである。

最初に総則を置くという編別は，**パンデクテン・システム**といって，**ドイツ民法**（正確にはその草案）にならった形態である。ただし，日本民法の内容は，必ずしもそれほどドイツ民法的とはいえない。おおまかにいって，ドイツ民法の影響とフランス民法の影響がほぼ半分ずつあり，場所によっては明らかにフランス民法の影響のほうが強い部分もある，と考えておいていただきたい。

日本で最初に作られた近代民法典は，明治政府のお雇い外国人だったフランス人法学者**ボアソナード**によって，**フランス民法**（1804年にできたナポレオン法典）を範として作られた，いわゆる**旧民法**である（そこでは，イタリア民法など，フランス法系の他の諸国の民法典や，フランス民法典施行後約半世紀の間の判例・学説なども参考にされている。なお，いわゆる家族法の部分は日本人委員が起草した）。この旧民法（明治23年公布）は，かの法典論争のため施行が延期されたまま葬られたが，現在ある日本民法の前３編は，それを修正する形でできたので，修正段階で当時最新の立法例だったドイツ民法草案を参考にし，編別の形式などはドイツ民法型になったものの，内容としてはボアソナード旧民法の条文がそのまま残っている部分も多数ある。なお，この修正には，穂積陳重《のぶしげ》（日本人としてはじめてイギリスで法廷弁護士の資格を取得した人物）と，ともにフランス留学の経験者である梅謙次郎，富井政章の３人が起草委員としてかかわっている。

Ⅵ　法体系の中の民法の位置づけ

1　私法の基本法としての民法

次に，法体系の中の民法の位置づけをみておこう。この世の中には，たくさんの法律があるが，憲法や行政法のような法律は，おおまかにいうと国の体制や，国と個人の関係に関するもので，公法と呼ばれる。これに対して，個人と個人の生活関係を中心として規定するものを，私法と呼ぶ。もっとも，法律の世界では，会社などの団体のことは，その活動を法が人になぞらえるという意味で法人と呼ぶ。それゆえ，会社について規定する商法なども，私法に入る。この私法分野には多数の法律があるのだが，その一番基本になっているのが民法であり，民法は私法の基本法である，といわれる。

2　一般法と特別法

それはどういうことを意味しているのか。たとえば我々がある物をお金を出して売り買いする約束をしたときのことを考えてみよう。これは民法でいう売買契約である。売買契約の規定はまず民法にある。しかし，その人が商人あるいは会社であり，その営業のために売買をしたというときは，同じ売買契約でもまずは商法の問題になる。また，買主が我々市民でも，たとえばセールスマンが我々の家に物を売りにきて売買契約をした，というときは，同じ売買でもまず特定商取引法（平成12年改正前の訪問販売法）という法律の適用対象になる。こういうように，同じ売買でも当事者を商人に限定するとまず商法の問題になり，訪問の形で売買するとまず特定商取引法の問題になるというとき，売買に関しては，民法を，商法や特定商取引法に対する一般法であるといい，商法や特定商取引法を民法の特別法であるという。そして，特別法が一般法に優先して適用されるのが，法の世界全体に存在するルールである。まず特別法を使い，規定がなければ一般法の原則的な規定を使うというわけである。したがって，今の例でも，商法に規定がないときは民法の原則に戻る，特定商取引法を適用して規定のない部分は民法の売買の規定を使う，ということになる。この例でもわかるように，民法は，私法の基本法として，私法分野に属する多くの法規の基礎ないし考え方の出発点となっている。それゆえ，私法の勉強は，結局みな民法の勉強から出発しているといっても過言ではないのである。

もちろん，以上の説明は，商法などの学問よりも民法の学問が優位に立つということを意味するものではない。たとえば民法と商法はそれぞれ異なった特徴を持つ。商法のほうが民法よりも高度な技術性を持つし，商法は商業取引形態の発展につれてどんどん進化するが，民法にはそのようなダイナミズムはない。また，民法は基本法として，多くの特別法の発想の基本となっているものである以上，そもそもあまり頻繁に変わってはいけない（それが変わるにはかなり大きな社会変化が必要である）という性格を持っているものである。したがって，それぞれの法律ごとに，おのずから勉強する場合に必要とされる資質や考え方も異なってくるということになる。

Ⅶ　民法の特徴―意思自治（私的自治）の原則

1　意思自治の原則と契約自由の原則

それではここで，民法の持つ大きな特徴について述べておこう。先に，民法が最も大切だと考えているのは，我々当事者の「意思」なのである，と述べた。つまり民法は，我々市民は他律的に決められたルールに従って生きていくのではなく，少なくとも「個人と個人の生活関係」を形作る上では，自分たちの意思でルールを作って，自律的に生活していくのが理想であると考えているのである。これを意思自治の原則とか，私的自治の原則と呼ぶ。そして，具体的に，個々のルール（債権関係）をこの世の中の公の秩序や善良の風俗に反しない限りで自由に作れることを「契約自由の原則」という。

さらに，ルールを自由に作れるばかりか，それらのルールは，ルールを作った当事者の間では，いわば法に代わり，民法の規定よりもそれらのルールのほうが優先するのである。たとえば，売買契約において，引き渡された目的物の品質などが，契約の内容に適合しないものである場合には，民法には，買主は売主に対して修補や代わりの物の請求などができるという規定がある（562条以下。なお本書では，以下民法の条文については法律名を省略して条文番号だけを掲げる）。これは，2017年改正によって定められた「**契約不適合責任**」と呼ばれるものである（それ以前は「瑕疵担保責任」というものが規定されていた）。しかしこれも，当事者がその契約で条文とは別の約束をしていれば，そちらが優先し，そのような約束がされていないときだけ，民法のこの規定が適用されることになるのである。わかりやすい例で言えば，たとえば，バーゲンセールで，あるコートを「少々難アリ取替・返品不可」と書いて安売りをしており，買主がそれを承諾して買ったとすれば，これは上記の契約不適合責任を免じる合意で売買したということなのである。そして，このような売買契約をすることは何ら問題なく有効とされる。

2　任意規定と強行規定

読者の中には，上記のような当事者の意思によって排除される法律ならあっても仕方がないではないかと思われる人があるかもしれないが，決してそんなことはない。当事者がルールを決めておけばそれを使うが，当事者がルールを決めておかなかった部分，たとえば，値段は決めたけれど品物の運送費用はどちらが持つか決めなかったとか，ちょっと気がつかないキズがあったときにどうするかは決めておかなかったなどというようなところでは，民法の規定が当事者意思を補充する形で使われるのである。

このように，条文の内容よりも当事者の合意のほうが優先する規定を任意規定という。これに対して，いくら当事者が別のルールを約束しても，法文の内容を変えられないものを強行規定という。民法の中の債権法は，この任意規定を大変多く含むのである。もちろん，民法の中でも，たとえば物権の種類などは，物権が物に対する排他的な，つまり世間の誰に対しても主張できる絶対的な支配権であるため，そういう強い権利を勝手に作り出されては周囲の人間が困るので，我々の意思で条文と別のルールを作るわけにはいかない（これを「物権法定主義」という）。けれども，少なくとも債権法の主要な部分においては，六法に書いてあることは絶対ではないのである。

これは，公法分野に属する刑法や道路交通法のような法律とは全く異なるところである。たとえば交通法規の場合には，赤は止まれで青は進めだと法律が決めていたら，すべての国民にその通りに守ってもらわないと交通秩序が維持できず，事故が多発してしまう。したがって当然のことながら自分たちでは青が止まれで赤が進めにしようなどと勝手に決めてはならない。しかし民法ことに債権法の場合は，「法を守らない」のではなく，「法よりも当事者の作ったルールのほうが強い」場面がいくつもあるのである。

人と法のかかわりかたにおいて，法が絶対的なものとして位置しているのではなく，人に自らの意思によるルール作りの自由が広く留保されており，そのルールが決められていないときにだけ民法は補充的に現れる。これが民法（債権法）の最大の特徴である。もちろんこのルール作りの自由は，契約当事者間のような，小さな世界での自由にすぎない。しかも，その限られた世界でも，近年は各個人が平等対等でないために，なんらかの修正原理を持ち込まなければならなくなっているところもある（契約自由の原則の制限）。けれど，その基本的な発想において，個人のルール作りを法が補充するという点は，民法を学ぶにあたって必ず意識しておくべき側面であるといってよいだろう。

Ⅷ　小括—民法の学習の考え方

民法は，もちろん法律として規範性を持っている。つまり，「かくあるべき」という部分がある。しかしその規範性は，いろいろな法律の中では最も小さいほうである。総則や物権法の部分は規範としての意義も大きいが，債権法の契約の部分などは，単に従来から人々が行ってきた契約取引が，法典の中に吸い上げられて意思決定の判断基準として規定されていると表現してもよいだろう。当事者の意思が明らかならまずそれを尊重し，意思が明らかでない場合に，通常の当事者意思を想定して書かれた諸規定を適用するのである。そこにはルールの押しつけはない。

ことに，2017年の民法改正では，合意の拘束力，つまり当事者が約束したことの意味を重く考え，それにふさわしい評価を法が用意しようという発想が示されている。

その意味では，民法の学習は，「守らなければならないルールを覚える」のではなく，「民法が当事者の公平を図るために基準として示しているルールの意味を考える」のがポイントといえるであろう。

以上でガイダンスを終わる。いよいよここから民法の中味の学習に入ろう。

なお本書第6版では，以下民法の条文は，2017年6月2日公布，2020年4月1日施行の債権法改正関係では，改正法のものを掲記し，必要に応じて旧規定にも触れることとする。2018年から2019年にかけて行われた，相続法改正などの家族法分野の改正については，施行時期が一律ではないので，なるべく施行期日を記載しつつ改正法を掲記する。

I　民法総則の性質と学習の順序

前章で民法典の構成を述べて，わが国の民法典は，総則，物権，債権，親族，相続，という5編からなっていると説明した。そしてこの5編のうち，前の3編を学習上の呼び方として財産法，後の2編を家族法あるいは身分法と呼んでいること，総則は，名称からすると民法全体に共通する規則のようだが，実際の内容は，後続の物権・債権の2編にかかわるもので，財産法に共通な規則とみるのが適切であることもそこで解説しておいた。そうすると，学習の順序としても，その総則（教科書等では「民法総則」とされている）から学ぶのが筋と思われるだろう。そして実際にも多くの大学ではそのようなカリキュラムを採用してはいるのだが，ただ，一つ困ることは，民法は総則から勉強するとあまり面白くないのである。これは私自身が学生時代に感じたことでもあり，また現在でもそのような感想を述べる学生諸君が少なくない。そしてそれは決して理由のないことではないのである。

最初に総則を置くという編別は，パンデクテン・システムといって，ドイツ民法（正確にはその草案）にならった形態であることは既に前章に述べた。明治20年代の終わりに現在の日本の民法典が（ボアソナード旧民法典の修正として）起草された時点で，当時最新の民法典として作られつつあったドイツ民法草案の編成システムが採用されたのである（ただし，日本民法の内容は，必ずしもそれほどドイツ民法的とはいえず，おおまかにいって，ドイツ民法の影響とフランス民法の影響はほぼ半分ずつあり，場所によっては明らかにフランス民法の影響のほうが強い部分もあるということは前章に述べた通りである)。この共通規則を前に出すというシステムは確かに論理的であるのだが，最初にこの総則を勉強すると，個々具体的なケースについての処理を知らないうちに共通規則を学ぶ，ということで，話が抽象的に感じられたり，現実的な実感を伴わない学習を余儀なくされたりするのである。

そのような弊害を避けるためには，前章でも一番民法的なところとして挙げた，具体的な権利関係の発生原因である契約の話（つまり債権法）あたりから入るのが最も現実感があってわかりやすいという考え方が一つ成り立つ。物を売り買いする売買契約などを学びながら，債権と物権に共通する総則の規定内容を少しずつ学んでいくのである（このような発想に立った民法入門書として，拙著『スタートライン債権法』（日本評論社・第７版・2020年）がある。後述第**10**章Ⅱ７初級者のための文献案内参照)。ただそうは言っても，たとえば大学の法学部ではもちろんのこと，経済学部や商学部で置かれている民法関係の科目も，大体が民法総則が第１部になっている。そうすると，そのような大学生の人たちがカリキュラムに従って民法を学ぼうとする場合には，どうしてもこの民法総則から学んだほうがロスが少ないということになる。そこでこの章では，民法の勉強を民法総則から始めるのであれば，どんなところに注意してまたどんな手順で学んでいけば分かりやすくなりまた少しでも面白くなるのか，ということに注意しつつ以下の説明をしてみようと思う。

ポイントは二つある。一つは，まさに先に書いたところの逆を考えればわかることなのであるが，常に具体的な事例を頭に思い浮かべながら学んでいく，ということである。もう一つは，それらの共通規則が，民法全体の中でどういう意義や位置づけを持っているものなのかを理解しながら学んでいく，ということなのである。しかしそうはいっても，実は民法総則の教科書でそれらの２点を十分に意識しているものは，それほど多くないようである。そこで以下には私なりに総則の中の学習順序や必要度などを明らかにしながら，上記２点を意識した概説を試みることにする。具体的には，なるべく多くの場面で，売買契約を例に挙げながら説明をしていきたい。

Ⅱ　民法総則の学習にあたって

1　民法総則のポイントと学習の手順

第 *1* 章ガイダンスの記述を思い起こしていただきたい。民法は，我々の意思による自治を第一義的に重視するものである。そこで，民法総則の規定の中では，まず第１に人の持つ「意思を表示できる能力」，そしてそれによって「法律的な人間関係を発生する行為をできる能力」を学んでいただきたい。そこでは，一人前の判断力のない人については，誰かがその意思表示を補助することによってその判断力のない人を保護するという方策が取られている。

第２には，一人前の判断力を持つ人が意思を表示しあって法律関係を結ぶ際に出てくるさまざまな問題を学んでいただきたい。この部分がおそらく民法総則では最も重要である。つまり，表示した意思の力でその意図した通りの法律的な効果を発生させることができるものとしての法律行為の規定に始まり，一人前の判断力を持つ人でも，間違って意思表示したり（錯誤），騙されたりして本心でない意思表示をさせられたりした場合（詐欺）にどうなるのかという問題の処理が規定されている（具体的にどうなるのか，というと，無効とか取消しという効果が規定されている。ちなみに，民法などで「効果」というのは，ある規定や制度が使われることになった場合にどういう結果になるか，ということであって，効きめという意味ではない）。また，自分以外の人に意思表示を代わってしてもらう，という代理の制度もここに規定されている。

第3には，いわゆる時効の問題を学んでいただく。物権についても債権についても時効が考えられるので，民法は総則に時効の規定をまとめて置いているのである。そして，第4には法人の問題である。実はこの点は，総則の規定としては一段レベルが高くなるので，一般の法学部生などでも，総則の学習の最後に回したほうがよいと私は考えているのであるが，経済学部や商学部で，企業について学び，また商法関係の法律に関心の高い人たちには，あるいは法学部生よりも取りつきやすい部分かもしれないし，将来の学習とも関係が出てくるところかと思われるので，これは最後でもしっかり学んでおこう。

2　民法総則の最初の規定

以上の学習ポイントを頭に入れた上で，民法総則の最初に出てくる規定，つまり民法典の第1条と第2条について簡単に説明をしておこう。ここには，いわゆる理念の規定と，他の規定だけでは対処しきれない場合に活用される基礎的・一般的な規定が置かれている。前者の理念規定（1条①項の「私権は，公共の福祉に適合しなければならない」，2条の「この法律は，個人の尊厳と両性の本質的平等を旨として，解釈しなければならない」）は，重要ではあるが，具体的な解釈論にはあまり関係してこない。なお，私権は公共の福祉に適合しなければならないというのは，本来の個人の権利の自由な享受・行使が社会の適正な発展と調和すべきことを述べているものであって，公権力が個人の権利を制限できるなどということを述べているものではない。２条は当然の規定である。

後者すなわち民法１条②項の**信義誠実の原則**と１条③項の**権利濫用の原則**は，一般論を述べているものだが（こういうものを「**一般条項**」と呼ぶ），現実の解釈論上では個々の具体的な規定で対処しきれない場合の，いわば問題解決の最後の調整手段として使われる（「このような状況でこういう法的手段を取るのは，信義則に反し許されない」とか「このような状況でこういう権利を行使することは権利の濫用として許されない」

というように）。特に信義則（信義誠実の原則）は，実際にはかなり頻繁に出てくるし，法技術的にはどこまでこのような一般条項に頼ってよいか等，重要な問題を含むものであるが，ここでは概略的な理解だけしておこう（⇒第**10**章Ⅲ１(3)参照）。

ちなみにこの１条と２条は，昭和22（1947）年に民法第４編・第５編の部分が全面改正になった際に総則編の最初に追加されたものであり，当時は１条と１条の２であったが，平成16年の現代語化による改正で１条と２条になった（１条の２などというのは，全体の条文番号が追加によってすべて変動すると不都合なので，条文の追加の場合にこのような条文番号の付け方（枝番〔えだばん〕という）をするものである。明治29年の民法制定時の第１条「私権ノ享有ハ出生ニ始マル」は現在の３条①項になっている)。

Ⅲ　民法総則の重点学習

1　意思表示と法律行為

以下には，上記の学習手順に従って（条文の順序とはいささか異なるが)，民法総則で学習すべき重要ポイントを列挙・摘示しておこう。

(1) 意 思 表 示

最初に，意思表示という，民法で大変良く使われる用語を学んでおこう。自分の意思を相手に伝えて，つまり表示して，一定の法律関係を作ろうとするものが意思表示である。ここで注意したいのは，表示した意思によってその意思どおりの法律的な関係を作り出すという効果を持っているものが民法でいう意思表示であるから，思っていることを相手に伝えることがすべて民法上の意思表示になるわけではないということである。たとえば，恋人に自分の愛情を表現する言葉を伝えたいとする。これは，いくら重大決心をして口に出したものであっても，ここでいう意思表示ではない。逆に，駅の売店で100円を出して「このガムを下さい」と告げた場合，これは立派な意思表示である。なぜなら，それは，100円でガムを買うという売買契約を発生させるための申込みで，売主が承諾すれば売買契約が成立して，ガムの売主と買主という法律関係が出来上がり，双方に債権債務が発生するからである。ガムを100円で買いますという申込みも意思表示，それに対して承諾するのも意思表示，ということになる。なお，意思表示は，それが相手方に到達した時点から効力を生ずる（到達主義。97条①項)。

(2) 法律行為

さて，次に法律行為という言葉を学ぼう。民法の勉強では頻繁に出てくる用語だが，これもそれほど難しいものではない。上に述べた意思表示を構成要素として，つまり，意思表示によって，その意思にしたがった法律効果を発生させるものを法律行為と呼ぶのである。したがって，法律行為の代表的なものは上に挙げた**契約**である。契約は，たとえば，それを幾らで売りましょう，それを幾らで買いましょう，という，反対の向きで一致した二つの意思表示によって構成される法律行為，ということになる。法律行為には他に，遺言のような単独行為がある。つまり遺言では，遺言者が自分一人で遺言書の中でこれを誰々に与える，というような意思表示をし，その通りの法律効果が発生するのであるから，こういうものを**単独行為**という。それから法律行為の中にはもう一つ，**合同行為**という種類がある。これは，会社の設立のように，何人もの人がいわば意思表示の方向を一つの同じ目的に向けて合意するというものである。したがって，法律行為という言葉の中身は，契約と単独行為と合同行為，ということになるが，大部分は契約であると考えてよい。このように，民法総則の基本的な規定を学ぶ段階ですでに，具体的に債権法の中の契約の問題などを念頭に置いて勉強しなければならないことがわかる。

(3)　公序良俗違反の法律行為

これもすでに述べたように，契約自由の原則により，我々は，自由な内容の契約をしてさまざまな債権を作り出すことができるが，ただ，反社会的な内容の契約はできない。この点を民法は，総則の90条で，公序良俗（公の秩序，善良の風俗）違反の法律行為は無効であると表現して規定している。なお，民法90条違反の具体例を考える場合に注意してほしいのは，たとえば麻薬を吸うこと，などというのは，確かに公序良俗には違反しているが，意思表示を要素としている法律行為ではなく，単なる行動，事実行為であるという点である。法律行為の代表的なものは契約だから，今，公序良俗違反の契約ということで具体例を考えて見ると，たとえば人にお金を渡して犯罪行為をさせる契約とか，禁じられている麻薬を売り買いする契約などはみな公序良俗違反である（90条違反の例として，「禁制の麻薬を吸うこと」を挙げるのは誤りで「禁制の麻薬の売買契約をすること」は正解ということになる）。賭けマージャンなどの賭博の契約も公序良俗違反である。こういう契約は無効なので，無効な契約からは債権が発生しない。したがって，たとえば賭博をして負けて金銭を支払う約束をしたとしても，法律的に支払いの債務は発生しないわけである。

2　制限行為能力者の保護

(1)　意思能力と行為能力

さて，今度は，意思能力と行為能力という言葉を学ぼう。既に述べたように，人は出生した時から，１人の人間として，権利能力，つまり法律上の権利義務の主体となる資格を持つことが認められる

（⇒ Key word 権利能力）。しかし，自由に形成された自分の意思を他人に伝達して法律的な関係を作るためには，さらに自分自身で意思決定のできる能力を持っていることが必要で，民法はそういう能力を意思能力と呼ぶ。たとえば精神に異常があったりして正常な判断ができない人，つまり意思能力のない人のことを民法では意思無能力者と呼ぶが，意思無能力者が他人と契約をしたりしても，その契約は効力を持たない。つまりそれに基づく法律関係は発生しない（３条の２）。

ただ，一つ一つのケースで，その特定の人が意思能力を持っているかどうかを個別に確認しなくてはならないとしたら，大変な手間もかかるし，判定が困難な場合も出てくる。そこで民法は，法律行為を自分の判断でできる能力，つまり行為能力を持っている人とそうでない人を一定の基準で分類して，意思能力を欠いている人や判断能力が十分でない人を制限行為能力者とし，それらの人を保護する目的で，制限行為能力者が法律行為をすることを一部だけしか認めないことにしたり，誰かの同意や支援がないとできないことにする規定を置いた（５条～19条。以下カッコ内に表示する条文で法律名が省略されているものは，すべて民法の条文である）。ただ，一面ではそういう制限行為能力者と知らずに契約した人などを保護する必要もあるので，そのための規定も置かれている（20条，21条参照）。

Key word 権利能力

人は，出生した時から，当然に，権利義務の主体となる資格としての権利能力を認められる。ただ，そうすると，胎児が出生する少し前に父親が死亡した場合，父の遺産を相続する権利はまだないことになり（相続については第**9**章で学ぶ），また，その父親の死がたとえば交通事故等の不法行為（第**5**章で学ぶ）による場合でも，損害賠償を請求する主体となれないことになってしまう。そこで民法は，不法行為による損害賠償（721条），相続（886条）および遺贈（965条）については，胎児をすでに生まれたものとみなすこととしている。ちなみに，権利能力は外国人にも原則として与えられている（３条②項）。

なお，以下に述べる制限行為能力者も，行為能力が制限されているだけであって，権利能力に制限が加わっているわけではない。

⑵　制限行為能力者

具体的に民法が制限行為能力者として定めているのは，**未成年者**（４条により20歳未満の人。なお成年年齢は法改正で2022年4月1日から18歳に引き下げられるため，その後は未成年者は18歳未満の人となる），**成年被後見人**，**被保佐人**，**被補助人**の４種である。この点，民法は，制定以来2000年４月までは，行為無能力者という呼び方で，未成年者，禁治産者，準禁治産者の３種を規定していた。禁治産者というのは，自分の財産の処分や管理を禁じられる人，という意味である。準禁治産者は禁治産者に準じる程度の人，ということになる。しかしこれらの用語は，いささか強い表現で適切さを欠き，また制度としてそれらの対象となる人々の保護に欠ける点もあった。さらに，社会の高齢化に伴い，加齢によって判断力を欠いてくる老年者の保護を図る必要も強まった。このような見地から，高齢者や障害者の福祉増進を目的として，成年後見制度を創設する民法改正が行われたのである（1999年12月成立，2000年４月施行）。この改正によって，行為無能力者の語は，制限能力者に改められ，さらに2004年の現代語化改正の際に，制限行為能力者に改められた。

改正後の未成年者以外の制限行為能力者としては，禁治産者は成年被後見人に，準禁治産者は被保佐人に改められ，さらに被補助人の制度が新設された。たとえば，精神上の障害によって物事の判断能力（法文では事理を弁識する能力という）がない状態の人について，家庭裁判所が，本人，配偶者その他の近親者などの申請によって後見開始の審判をした場合，その審判を受けた人を成年被後見人といい，成年後見人が付けられて，成年後見人は成年被後見人のした法律行為を取り消すことができる（７～９条）。また，成年被後見人ほどではないが物事の判断能力が著しく不十分な人については，保佐開始の審判によって被保佐人とされ保佐人が付けられ，法の定める一定の行為に保佐人の同意を要し，同意なしにした行為は取り消すことができる（11条～13条）。さらに軽度に判断能力を欠く人の場合は，審判によって被補助人として，補助人を付け，当事者が選択した特定の法律行為をするのに補助人の同意が必要とすることができる（15条～17条）。

(3)　制限行為能力者の保護

①　制限行為能力者の行為の取消し　　制限行為能力者を保護する具体的な手段としては，制限行為能力者のした法律行為を取り消せるという規定が置かれている。取消し，というのは，後述のように，遡って最初から無かったことにするというものである（⇨本章５無効と取消し）。まず未成年者についていえば，もし，高校生の子供がセールスマンにすすめられて何十万円もする品物を買う契約をしてし

まった時にどうしたらいいか，という例で考えてみると，民法５条により，未成年者は，契約などの法律行為をするには，法定代理人（法の定める代理人）である親（親権者。親権者がいない場合は後見人）の同意を得なければならず，同意なしにした場合は，本人や親が，それを取り消して無かったことにできる，ということになる（取り消せる人すなわち取消権者については，後掲の120条が，制限行為能力者本人とその代理人，承継人もしくは同意権者であると定めている）。親権者は法定代理人であるから，本人の財産を管理する権利を持つだけでなく，本人の財産に関する法律行為（契約など）を本人を代理してすることができる（代理についても後述する。⇒４代理・無権代理・表見代理）。もっとも，親が何に使いなさいと目的を定めて処分を許した財産や，小遣いのように目的を定めなくても処分を許した財産は，未成年者が随意に，つまり自由勝手に処分できる（５条③項）。なお，未成年者も婚姻つまり結婚をすると成年者になったとみなされる（753条。この規定は，2022年４月１日に成年年齢と女性の婚姻適齢の規定が改正されると削除される）。

また，右に述べたように，成年被後見人には法定の代理人として成年後見人がつく（８条）。成年被後見人のした法律行為も取り消せる（ただし日用品の購入その他日常生活に関する行為は取消しの対象にならない。９条）。被保佐人には保佐人がつく（12条）。被保佐人の場合は一部の行為は自分自身でできるが，財産的に重要な行為をする場合は，保佐人の同意を得る必要がある（13条①項）。その同意なしにあるいは同意に代わる裁判所の許可なしにそれらの行為をした場合は，やはり取消しができる（13条④項）。保佐人には，1999年の民法改正によって，同意権の対象となる行為について被保佐人が勝手にした場合の取

(2)　詐欺・強迫による意思表示

まず，詐欺・強迫（民法では脅迫ではなく強迫と書く）によって，つまりだまされたり強制されたりして，たとえば売りたくもない家を売ると言ったような場合は，その意思表示は取り消すことができる（96条①項）。意思表示が取り消されれば，たとえば家の売買契約は，「幾らで買う」「幾らで売る」という二つの意思表示の合致で成立するのであるから，そのうちの一つの意思表示が取消しによって最初に遡ってなかったことにされるので，売買契約も成り立たないことになる。成り立たないのであるから，もし家を渡してあればそれを取り返し，お金を払ってあればそのお金を返すということになる（これを**原状回復**という。「原状」というのは元の状態という意味で，現状ではない）。

そして，詐欺や強迫の結果生じた意思表示について民法が定めるのはこれだけである。これだけ，というのは，詐欺や強迫をした人は悪い人だから罰を与えるべきだ，という考えも当然に出てくるだろうが，それは民法の問題ではないということである（詐欺であれば刑法246条の詐欺罪に当たるかどうかの問題で，当たればそちらで罰せられるということになる）。民法のねらいは，あくまでも当事者の意思自治ということから，意思表示が当事者の自由に決定された意思に基づいてなされたのなら効力を認め，そうでないのなら効力を制限する，ということにあることを理解したい。

なお，普通は取引の相手方が詐欺をする場合が多いであろうが（たとえばＸがＹに対して詐欺をしてＹの家をＸに安く売らせようとするなど），場合によっては第三者つまり別の人による詐欺が考えられる（ＺがＹを騙してＹの家をＸに安く売らせようとするなど）。この場合は，意思表示の相手方（つまりＹの意思表示が問題なのならば相手方は買主Ｘ）がその詐欺の事実を知っていた場合または知ることができた場合に限り取消しができる（96条②項）。

さらに，詐欺による意思表示の取消しは善意で過失がない第三者には対抗できないという規定がある（96条③項）。ここで「善意」の第三者とあるのは，事実を知らない別の人という意味である（⇨ **Key word** 善意・悪意）。たとえば，ＡがＢの詐欺にかかってＢに不動産を売却し，所有権の登記も移転したが，Ｂが代金を払うといいながら払わないので，詐欺を理由として取り消した場合にも，Ｂがすでにその不動産を自分の所有物であるとして，Ｃからお金を借りる担保として抵当権（⇨第**7**章Ⅱ）を設定していた場合，ＣがＢの詐欺を知らず，かつ知らないことについて無過失であれば，Ａは取消しの効力をＣに対抗できない（Ｃに対して取り消したといえないのでＣの抵当権を否定できない）ということになる。これでは詐欺にかかった者が気の毒だという考え方もあろうが，逆に事情を知らずにかつそのことについて無過失でＢの不動産である（登記まで移っている）と思って取引をしたＣも保護しなければならない。詐欺にかかった者にもいくらかの落ち度があると考えられる。このような場合に，民法は関係当事者の公平ということから判断をした規定を置いているのである（この場合は，詐欺の相手方は保護されるべきだが，詐欺を知らずにかつそのことについて無過失で取引に入った第三者を犠牲にしてまで保護されるべきではない，という判断になる。ちなみに，強迫ならば，強迫された者に落ち度があるとは考えにくいので，善意無過失の第三者が存在しても，強迫された表意者のほうを保護するべきである。そういうことから，96条③項は詐欺についてだけの規定になっているのである)。

Key word **善意・悪意**

法律の世界では，善意というのは事情を知らないこと，悪意というのは事情を知っていることをいう（なお，善意は，場合によっては単に不知を指すのではなく，事情を知らずに（たとえば取引の相手を正当な権利者であると）信頼することまでを意味して使われる)。だから善意の人といっても，好意にあふれた人を指すのではない。逆に，わざと人をおとしめようなどという意図は，悪意ではなく「害意」などと表現される。積極的に他人を害する意思まではなくても，たとえば別の人が既に売買契約をしたことを知っていて，自分が横取りしたらその買主が困るだろうという認識を持ちながらその同じ物を買うなどというのは，「背信的悪意」と呼ばれる。

(3)　錯誤による意思表示

さらに，まったく本心にないことを完全な思い違いで表示してしまった場合はどうするか。これについて民法は，錯誤といって，その意思表示は取り消すことができるとしている（95条。2017年改正までは無効とされていたが，改正によって取消しとなった)。この錯誤の部分は，2017年改正法で非常に大きな改正を受けたところである。

錯誤には，①意思表示に対応する意思を欠く錯誤（たとえばゼロを一つ少なく書き間違えて売値をつけてしまった場合など。95条①項１号）と，②表意者が法律行為の基礎とした事情についてのその認識が真実に反する錯誤（たとえば受胎していない馬を受胎している馬だと思って購入すると言った場合など。95条①項２号）がある。後者がいわゆる**動機の錯誤**

と言われてきたものである。改正法はこれらの意思表示について，その錯誤が法律行為の目的及び取引上の社会通念に照らして重要なものであるときは，取り消すことができるとした（95条①項柱書き。改正前には「要素」の錯誤という表現がされていたところである）。ただし，２号の規定によるいわゆる動機の錯誤の場合には，その事情が法律行為の基礎とされていることが表示されていた（つまり動機が表示されていた）ときに限り，取り消すことができる。

さらに錯誤が表意者の重大な過失によるものであった場合には，（表意者を保護する必要がなくなるので）意思表示の取消しをすることができない（同条③項柱書き）。もっともこれには例外があって，相手方が表意者の錯誤があることを知っているか，または重大な過失によって知らなかったときと，相手方が表意者と同一の錯誤に陥っていたときは，（相手方を保護する必要がなくなるので），表意者に重過失があっても錯誤の主張が許されるのである（同条③項１号２号）。

そしてこれらの取消しは，先に述べた詐欺の場合と同じく，善意でかつ過失がない第三者に対抗することができない（同条④項）。この点も，改正法が詐欺と錯誤の効果を同一にしたので（⇒ Key word 要件・効果），従来の問題が整理されたといえる。

Key word 要件・効果

法律の世界では，何か規定が当てはまる（その制度が使える）ために必要な状況を「要件」という（これに対して，「条件」という言葉は，法律的には「もし大学に合格すればこの車をあげよう」というように，「もし……ならば」という形のものを指す）。そして，一定の要件が整ってある規定が使われた場合にどうなるのか，というのが「効果」である。したがって法律用語として「効果」という場合は，「ダイエットに効果がある」というような場合の「効きめ」という意味ではないことに注意したい。

(4) 心裡留保

また，人はわざと嘘をついたりすることもある。この場合の意思表示は効力を認めないということでよいだろうか。このような場合，事情を知らない相手がそれを信じてしまうので，民法は，心裡留保〔しんりりゅうほ〕といって（心の内に留保するという意味。だから「心裡」であって心理ではない），わかっていながらわざと冗談や嘘の意思を表示しても有効とする。ただし相手がこれを真意でないと知っているか知ることができたときは，勿論無効とする（93条①項本文・ただし書）。

なお2017年改正法では，93条②項に，前項ただし書の規定による意思表示の無効は，善意の第三者に対抗できないという規定が新設された。これは，心裡留保の場合も次の通謀虚偽表示の94条②項と同様に善意の第三者を保護することにしたものである（次の虚偽表示のところの説明を参照）。

(5) 通謀虚偽表示

もっと込み入ったもので，相手と通謀して，つまり相手と相談して嘘の意思表示をすることがある。ＡとＢの間で，Ａの債権者たちからの追及を逃れるためなどの理由で，Ａの財産を少なくみせかけるためにＡの所有する土地をＢに売ったことにしておく，などというのがその例である。これは虚偽表示（通謀虚偽表示）として無効とする（94条

①項)。しかし，この場合に，それを信じた善意のCという人がさらにBから土地を買ってしまったような場合，ABの売買が無効だとするとCが不利益を受けるので，こういうときはABは，虚偽表示の無効を善意の第三者Cに対抗できない（94条②項)。この規定の本来の意味は，外形と異なる合意をしても当事者間でしか通用しないというものであるが，今日では，外観信頼者の保護規定として，現実の不動産取引などを巡る紛争において特に「**類推適用**」という形で重要な働きをしている（物権変動に関する第***3***章Ⅱ 2⑷参照)。

4　代理・無権代理・表見代理

⑴　意思自治と代理制度

意思自治の原則から考えると，人は自由な意思で法律関係を作っていけるのはいいのだが，自分一人で活動できる範囲には限界がある。また前述の制限行為能力者の場合は，その人が完全な意思を持ちえないのだから誰かがその意思を補充してやらねばならない。そこで民法は，他人に自分に代わって意思表示をしてもらい，それが自分の意思表示したこととして法律的な効果を発生するという制度を置くことにした。これが代理である。したがって代理は，制限行為能力者にとっては意思による自治の補充のための，また一般の判断力のある成年者にとっては意思自治の拡張のための制度ということができる。

⑵　法定代理と任意代理

代理には，法定代理と任意代理がある。未成年者に対する親などは，法定代理人といって，法が代理人の地位を与えるのだが，普通に

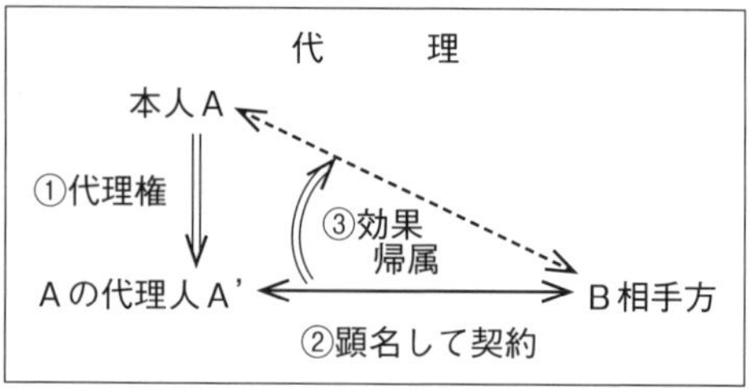

行われるのは，契約によって，特定の人に代理権を与える任意代理である。代理人になった人は，必ず本人のためにすることを明示して（これを**顕名主義**〔けんめいしゅぎ〕という）法律行為をすると，本人に効果が帰属する，つまり本人がしたのと同じことになる（99条）。これに対し，顕名をしないで（しかも周囲の事情からも本人が誰かわからない状態で）代理人がした意思表示は，相手方を保護するために，代理人が自分のためにしたものとみなし，代理人にその効力が帰属する（100条）。ただし，相手方が，代理人の代理意思（「本人のためにする」意思）を知りまたは知りうべき場合は，本人に効果が帰属する（100条ただし書）。

また代理の効果は，すべて本人に帰属し，代理人には何ら不利益が加わることはないので，前述の制限行為能力者でも，他の人の代理人になることはできる（102条）。ただし，行為能力のある人が代理人となっているうちに前述の後見開始の審判を受けた場合は代理は終了する。代理人の破産や本人または代理人の死亡の場合も同様である（111条①項）。もっとも，効果は全く本人に帰属するといっても，現実に意思表示を行うのは代理人であるから，先述の意思表示の瑕疵や善意・悪意が問題になる場合は，代理人についてそれを判断するのが原則である（101条①項）。

なお，同一の法律行為については，相手方の代理人となること（**自己契約**）や当事者双方の代理人となること（**双方代理**）は，代理権を有しない者がした行為とみなされる（つまり，後述の無権代理となる）が，本人があらかじめ許諾していればできる（108条）。

(3)　無権代理と表見代理

では，他人がもし代理権を与えられていないのに代理人と偽って契約などをしたらどうなるか。これは，無権代理といって，本人が追認しない限りはその効力を生じない（113条①項）。本人を保護するためには当然である。その場合，相手方は，無権代理人に，代わって履行するか損害賠償をするかを請求しうる（117条①項）。

ただ，本人が相手方に，真実ではないのにあの人に代理権を与えたと表示していた場合とか，代理権は与えられていてただその限度を越えて代理行為をしたとか，過去にその人に代理権を与えていて，その消滅が相手に知られていない，というときには，そのような外観を信頼した相手方のほうを保護する必要がある。そこで民法は，表見代理という制度を置いて，相手方がそのような外観を善意無過失で信頼したときは本人が責任を負わなければならないとした。109条の**代理権授与表示による表見代理**，110条の**権限外の行為の表見代理**，112条の**代理権消滅後の表見代理**がそれである（109条には善意無過失の要件が明示されていなかったが，2004年の改正で明文規定が追加された。なお，110条の「正当な理由」にも第三者の善意・無過失は含まれている）。

この表見代理は，現代の取引では重要な役割を果たしている。また，ここで見られる，取引の第三者を保護するやり方は，一方では真の権利者（ここでは本人）になんらかの帰責事由（代理権を与えた表示をしてそのままにしていた等）があり，他方で取引に入ってきた第三者の善意無過失での信頼（ここではその代理人に正当な代理権があると信頼したこと）があって初めて，表見代理を成立させて第三者を保護するというもので，このような法理を一般に**外観信頼保護法理**（**権利外観法理**，**表見法理**）と呼ぶ。

5　無効と取消し

民法で無効という場合は，最初から何の効果も発生しない，ということである。90条の公序良俗違反の法律行為のように，反社会的な法律行為を法が絶対的に無効とするという場合と，先の心裡留保の場合のように，当事者の保護のためにルールとして定められた無効がある。一方取消しのほうは，取り消されるまでは一応有効で，取り消されたときに，初めから無効だったものとみなす（121条）（⇒ Key word 推定する・みなす），つまり，遡って当初から何の効果もなかったことにされる，ということになる（**遡及効**〔そきゅうこう〕がある，という）。それゆえ，取り消される可能性のある行為を後から認める，たとえば親の同意なしにした売買契約を親が後から認める（**追認**〔ついにん〕という）ことも可能であり，その効果も遡及する（122条）。しかし無効の行為は初めから無効なのだから，あとから追認して有効にはできない（119条本文）。なお，取消しができる人間（**取消権者**）は，民法120条に定められている（未成年者などの制限行為能力者本人，または詐欺等にあって意思表示をした人，さらにそれらの人の代理人または承継人に限られる)。また，無効な行為は時の経過によって有効になることはないが，取り消しうべき行為は，時の経過によって取り消しえなくなり，結果的に有効に確定することがある（取消権は追認ができる時から５年間または行為の時から20年間行使しなければ時効によって消滅する。126条。⇨本章Ⅲ７時効参照)。

Key word　推定する・みなす

法文で「推定する」というのは，仮にそうだと推定するということで，当事者が反対の証明，つまり事実は違うんだという証明をして覆すことが許される。これに対して，「みなす」というのは，法がそう決めてしまう，ということで，反対の証明をして覆すことができないものである。

6　条件・期限

(1)　序　　説

法律行為をする場合に，当事者がただちにその効力を発生させようとしないで，将来のある時点になったら，あるいは将来なんらかの事実が発生したら効力を発する（あるいは逆にそこで効力がなくなる）というようにすることもできる。これが条件・期限の問題である。条件と期限の差は，条件が，たとえば公認会計士試験に合格したら，というように成否が不確実な事実にかかるもので，期限は，来年初めからとか成年に達するまでというように，その時期の到来（事実の実現）が確実なものをいうというところにある。

(2) 条　　件

条件には二通りある。条件が成就することによって（それまで発生を止められていた）効力を生ぜしめる場合を**停止条件**といい，法律行為のときから効力を生じているものを条件の成就によって効力を消滅させる場合を**解除条件**という（127条）。「もし大学に合格したら奨学金を与える」というのは贈与契約に停止条件がついているのであり，「この時計をあげるがもし大学で留年したら返してもらう」というのは，贈与契約に解除条件がついているというわけである。条件が成就する可能性のないものである場合（**不能条件**とよぶ）は，停止条件は効力を生ずることはないから無効であり，解除条件では失効することはないから無条件ということになる（133条）。なお，条件成就により不利益を受ける者が故意に条件成就を妨害した場合は，相手方は条件を成就したものとみなすことができるし，逆に利益を受ける者が不正に条件を成就させた場合は，相手方は条件が成就しなかったとみなすことができる（130条）。

(3) 期　　限

期限は，到来することが確実な事実にかかるものであるが，これにも二通りある。**確定期限**というのは，来年4月から，などというように到来時期が明確に定まっているものをいい，**不確定期限**というのは，今度台風が来たら，などというように，到来するのは確実であるが，その時期がいつかわからないものをいう。期限の到来するまで当事者の受ける利益を**期限の利益**という。3月末を弁済期限とする，という場合であれば，債務者は3月末までは支払わなくてよいという期限の利益を持つわけである。期限の利益は，相手方に損害を与えないかぎりはこれを放棄できる（弁済期が３月末なのに２月末に支払うことはかまわない。136条②項）。期限の利益は債務者のためのものと推定されるが（136条①項），債務者に信用を失わせるような事情や行為があった場合は，期限の利益を失うとされる（137条）。民法が定める行為は，債務者の破産手続開始決定などであるが，当事者が，こういう場合は債務者は期限の利益を失う，とあらかじめ契約の中で合意する場合もある（**期限の利益喪失約款**という）。なお，期限の利益喪失約款は，実務ではほとんどの金銭消費貸借契約（お金の貸し借りの契約，本書第**4**章５参照）に付される。例えばローンの返済が何回か滞ったら，借主は期限の利益を喪失する，などというものもある（期限の利益を喪失すると，残りの借金をただちに全額返済しなければならなくなることに注意したい）。

7　時　　効

⑴　消滅時効と取得時効

つぎに，時効について述べる。刑事法上の時効についてはテレビドラマなどでお馴染みかもしれないが，民法においても債権・物権の両者について時効が存在し，この総則に規定されている。それには消滅時効と取得時効という２種類の時効がある。わかりやすいのは，消滅時効のほうかもしれない。たとえば民法166条①項は，普通の債権（一般人の貸金債権等がこれにあたる）について，債権者が権利行使できることを知った時（主観的起算点）から５年間，また権利行使できる時（客観的起算点）から10年間行使しないと消滅すると規定している。なお，人の生命または身体の侵害による損害賠償請求権については，債権者が権利行使できることを知らない場合には，（被害者に十分な保護を与えるために）消滅時効期間は20年とされた（167条）。債権以外の（そして所有権を除いた）財産権については，権利を行使できる時から20年間の不行使で時効消滅する（166条②項）。

取得時効というのは，逆に，何年も他人のものを自分のものだと思って使ったりしつづけていると，その人の物になってしまい，本来の所有者が返せと言えなくなってしまう，というものである。民法162条は，所有権の取得時効について，他人の物を，自分が所有しているという意思で平穏かつ公然に（これはトラブルなく万人に知られるような状態でということ）占有つまり自分の支配下において持ったり使ったりしつづけて20年たてばその所有権を取得しうる，さらにその占有のスタートの時に善意で過失がなかったら（この善意というのは，既に説明したように，良心的というのではなく，事情を知らなかったという意味である⇒36頁 Key word 善意・悪意），つまり占有を始めたときに自分が本当の所有者でないと知らなかった，そしてその知らなかったことに過失がない，つまり知らなかったとしてもしかたがない状況だった，というのであれば，10年で時効取得できる，と規定している（同条②項）。

ここで注意するべきは，所有権は消滅時効にはかからない（他の物権は20年の消滅時効にかかる）ということである。それゆえ，たとえばＡさんが，自分の土地を何十年放っておいても，所有権が自然に消えてなくなることはない。空き地のままにしておいて死亡しても，配偶者や子がいればその人たちが相続することになる。ただ，そのＡさんの土地にもし他人のＢさんが住み着いて，そしてＡさんたちに文句も言われずに所有者のようにふるまって20年以上もたったら，Ｂさんがその土地を時効で取得してしまう，そうするとその結果Ａさんは返せと言えなくなって反射的な効果として所有権を失ってしまうということである。

(2)　時効期間の計算

一般に，期間の計算は，一部の場合を除いては，民法第１編第６章の規定による（138条。一部の場合というのは，他の法令によって決められている場合，裁判所の命令によって決められる場合，契約など法律行為の当事者が決めておく場合である）。

原則的な期間の計算方法は，たとえば今日の昼間に，「１カ月間お金を借りる」というのであれば，今日の端数時間は除外して明日から起算する（140条本文）。この考え方を「初日不算入の原則」という。しかし，例外として，たとえば「来月３日から３日間」という場合は，初日である３日を算入して，３日から５日までとする（140条ただし書）。

そして，週，月または年で期間を定めた場合には，暦に従って（大の月と小の月などによる日数のずれは問わずに）計算するが（143条①項），週，月または年の初めから期間を起算しないときは，最後の週，月または年においてその起算日に応当する日の前日に満了する（同条②項本文）。

難しい表現のようだが，何のことはない。つまり，2010年３月31日に返済すべき一般の借金は，請求されないまま返さずにいると，10年の時効が翌日４月１日を起算日として進行を始め，10年後の４月１日

（応当日）の前日，2020年３月31日夜12時に時効が完成するのである。

(3)　時効の更新と完成猶予

時効は，基本的に，永続した事実状態を尊重して，ある権利を与えたり消滅させたりするものであるから，真の権利者から権利主張があってそれが確定的に認められたり，時効取得しかかっている無権利者や，弁済をしないでいる債務者が，真の権利者の権利を承認した場合は，事実状態の継続を評価する必要がなくなるので，時効の進行はいったんリセットされ，（現実の権利行使がなければ）そこから（ゼロから）また新しくカウントされる。これを**更新**という（147条②項，148条②項，152条）。

ここで注意したいのは，更新があると時効計算の時計の針はいったんゼロになり，そこで権利行使がなければ再びゼロから進行を始める，ということである。つまり，５年の消滅時効が３年進行したところで更新があり，そこからさらに２年経ったとしても，時効はあと３年経たなければ完成しない。

そしてもうひとつ，時効の**完成猶予**という制度がある。これは2017年改正で新しく作られた概念で，例えば権利者だという者から請求があった場合，それが確かに権利があると認められるに至るまでは，一時的に時効の進行を止めておくのである（2017年改正までは，似た制度で，時効の完成間際に権利者がうまく更新できないような事情がある場合などに一時的にストップさせる，時効の「停止」という制度があったが，それもこの完成猶予に吸収されている）。こちらは時効の針は一時止まるだけで，ゼロに戻るわけではない。そして，例えば権利の所在がはっきりすれば，完成猶予は終わり，そこから権利が行使されなければ時効の新たな更新となるのである（結局権利が確定しなかったという場合は，完成猶予という一時停止が解けてまた時効の進行の続きが始まることになる）。

たとえば，裁判上の請求や，支払督促の申立てや，裁判上の和解・民事調停・家事調停の申立て，倒産手続き参加などは，「完成猶予」事由となる（改正法147条①項）。仮差押え，仮処分，催告および協議を行う旨の合意があった場合も「完成猶予」事由となる（改正法149～151条）。つまり，それらの事由が終了する時まで（たとえば裁判で決着した時まで，または裁判で権利が確定しないで終わった場合はそれから6か月経つまで）時効は完成しない。そして，それらが確定判決などで権利が確定すればそれが「更新」事由となって，権利が確定したのに実現されないままのときは，時効はその確定時から更新されて再度新たに進行を始めるというのである（同条②項）。

Key word **更新と完成猶予**

更新は時効のリセット，完成猶予は一時ストップである。リセットされればまたゼロから新しいカウントが始まる。一時ストップは，それが解ければ続きのカウントが進行するのである（なお「更新」は2017年改正前は「中断」と表現されていて，改正後も164条だけにその表現が残っている）。

(4)　時効の援用と放棄

もう一つ注意したいのは，民法の時効は，定められた期間が過ぎて完成しても，それだけで自動的に権利が消滅したり取得されたりするものではないということである。必ず，その時効の利益を受けようとする人が，援用といって，時効で消滅しているから払わない，とか，取得時効が完成したので自分のものになった，というように時効を自分のために主張することが必要である。時効には道義に反する面もありうるので，その利益の享受を最終的に本人の意思に委ねるのである。本人が援用しないのに裁判官が時効だとすることはできない(145条)。さらに，時効の利益は時効が完成した後で放棄することができる（146条の反対解釈)。つまり，借金をして10年以上たったが，あの人には恩義があるからやはり払いたい，というのであれば，時効の利益を放棄して支払えばよい。

(5)　時効制度の存在意義

このような時効制度が存在する根拠としては，継続した事実を認めて社会の法律関係の安定を図るため，とか，権利の上に眠る者は保護しないのだ，というようなことが挙げられ，また，いずれにしても，時間が経つと権利の証明が難しくなるからだ，という理由も挙げられている。そして，それらのうちのどれを強調するかは，それぞれの学者の時効観の違いにも結びついており，時効の意義や法的性質をめぐっては，多くの学説がある。

8　法　　人

(1)　序　　説

民法は，企業などについて，それを人になぞらえて「法人」という資格を与え，法的な活動主体として承認する（なお，法人との対比で我々個人のことを「自然人」と呼ぶこともある。これは決して「野生の人」

という意味ではない)。法人として認めることを法人格を付与するというが，法人格が認められるということは，自然人と同様に，独立した権利・義務の主体となりうるということである。この法人については，民法では従来，総則にかなり多数の条文を置いていた。しかし，2006年6月に公布された，後述する公益法人の制度を改革する三つの法律によって，民法典の法人の規定は大きく変わり，5か条のみとなってあとは三法のうちのひとつである一般社団・財団法人法に譲られることになった（これら三法は，2008年12月1日に施行された)。

⑵　社団法人と財団法人

私法分野での法人は，社団法人と財団法人とに分かれる。大まかにいえば，社団というのは人の集まり，財団というのは，財産の集まりをいう（もちろん，財団にもその財産を運用する組織としての人は必要である)。このうち社団については，たとえば会社などを考えてみれば，社団つまり人の集合体を，その代表者個人とは別の法主体として認める必要があることはわかりやすいだろう（売買契約ひとつにしても，代表者個人が買うのではなく，会社が買主になる場合を認める必要がある)。ただし，人の集まりがすべて社団になるのではない（組合という，社団よりも参加する個人の個性が強く出る集まり方もある⇒第**4**章9参照)。では，財産の集合体になぜ法人格を与える必要があるのか。これは，お金を集めて運用してもうけるというような場合を考えているのではなく，一定の財産を慈善事業とか学校，病院などの，**公益**（不特定多数の人の利益）のために捧げようという場合に，その限定された目的で動く財産と組織に，独立の法主体の性格を与えて活動させるのである。

そして，社団法人はさらに**営利社団法人**と**公益社団法人**に分かれる。前者の営利目的の社団法人というのが，いわゆる会社であり，これは会社法の規定によることになる。したがって，民法では2006年の法改正までは公益目的の社団法人と財団法人とを扱うことになっていたのである。さらに，民法・会社法以外の特別法によって認められる法人もきわめて多い。ちなみに公益法人というのは，祭祀・宗教・慈善・学術・技芸等に関する事業を行い，不特定多数の人々の利益を目的とするものと定義される。

社団法人の根本規則は**定款**〔ていかん〕と呼ばれる。ここには，目的・名称・事務所・設立時社員の氏名等・社員資格得喪規定その他を記載しなければならない（一般社団・財団法人法11条①項)。財団法人においては，旧規定では根本規則を定める書面のことも「寄附行為」と呼んでいたが，新法ではこれも定款と呼ぶことになった。これにも，目的・名称・事務所・資産規定・評議員，理事，監事の選任事項等を記載しなければならない（同法153条①項)。

(3)　一般社団法人と一般財団法人

民法が扱ってきた公益法人には，税制上の優遇等がある。そのため，経済活動の活発化につれて，この民法上の公益法人が濫用される状況が生まれ，社会問題にもなった。そこで，根本的に民法の法人の考え方を変え，また団体組織法としてのより詳細な規定を置くかたちで，公益法人制度改革三法と呼ばれるものを立法し（2006年公布)，規定を民法から大幅にそれらに移すことにした。第1の法律が「一般社団法人及び一般財団法人に関する法律」(「**一般社団・財団法人法**」と略す）であり，第２の法律が「公益社団法人及び公益財団法人の認定等に関する法律」（「**公益法人認定法**」と略す），そして第３の法律は，関係法律の整備等に関するもの（「**整備法**」と略す）である。

そこでは，民間の非営利活動の健全な発展を促進する目的で，これまでの，公益法人の設立許可を主務官庁が自由裁量によって行う制度（民法旧規定34条）を改め，まず①規定に則した登記のみで一般社団法人と一般財団法人という法人を設立できる制度を創設し，つぎに②それらが公益法人になるための公益性を認定する制度を別に創設した（つまり，法人の設立は簡単にできるが，その中で公益法人と認められるには別の厳格な認定を受けなければならないことにしたのである）。

(4)　法人の機関

もっとも，法人を人になぞらえるといっても，社団でも財団でも法人が自ら行動することはできないから，運営組織を必要とする。それにかかわるものが法人の機関である。

①意思決定機関は，社団については構成員たる「**社員**」（⇒ Key word 社員）による「**社員総会**」である。財団法人の場合は（財産の集まりだから）社員や社員総会という概念がないので，結局は設立者の意思が決定的なものとなるとされていたが，新法では**評議員会**の設置が義務付けられた（一般社団・財団法人法170条①項）。②業務執行機関は，社団法人でも財団法人でも，**理事**である。これは必ず置かれなければならない（旧規定では52条①項，一般社団・財団法人法では60条①項，170条①項）。③監督機関は，**監事**であるが，これは必ず置かなければならない機関ではないとされていたが（旧規定58条），新法で

は，監督機能を重視する趣旨から，理事会を設置する一般社団法人（理事３名以上が必要）と会計監査人の設置義務がある大規模一般社団法人では監事の設置義務が課され（一般社団・財団法人法61条，62条），また一般財団法人では監事は評議員会，理事会とともに必須の機関となった（同法170条①項。なお大規模一般財団法人においても会計監査人の設置が義務づけられる。同法171条）。

Key word **社員**

民法や商法で社員というのは，「社団の構成員」という意味であって，会社などに雇われているサラリーマンを指すものではない。たとえば営利法人たる株式会社の「社員」というのは「株主」のことである。

(5)　法人の設立主義

それらの法人の設立については，国家がどの程度それに干渉するかによっていくつかの主義が分かれる。厳しい順に並べると，①一つの法人を認めるのに特別の法律を作る，**特許主義**。日本銀行などがこれによっている。②監督する主務官庁がその自由裁量で設立を認める**許可主義**。これが旧来の民法の法人における立場である（旧規定34条等）。③法律があらかじめ定める要件をすべて満たせば主務官庁が必ず設立を認める**認可主義**。私立学校の設立はこれに属する（私立学校法による）。④法律の定める一定の組織を整えて登記すれば官庁の事前審査なしにすべて認められる**準則主義**。会社法上の会社や，労働組合がこれにあたる。新法の一般社団法人と一般財団法人もこれによることになった。

⑹　法人の不法行為

そして法人については，その活動を人になぞらえて行為能力を認めているのであるから，当然不法行為（故意または過失によって他人に違法に損害を与える行為）をする能力というものも規定されることになる（民法旧規定は44条で，法人の理事その他の代理人（代表機関）が不法行為をしたときに法人が責任を負うことを定めていたが，この条文は前掲の新法によって民法からは削除され，同様の規定が一般社団・財団法人法に置かれた）。ただこの点は債権法の不法行為のところ（709条以下⇒第**5**章参照）を勉強してからでないと十分理解できないのは当然である。

⑺　法人学説

なお，法人については，学説上の考え方がいろいろあり，その存在を法が自然人に擬制しているにすぎないとする法人擬制説と，法人は実在するのだという法人実在説とが対立し，その考え方の違いが法人の諸規定の解釈や説明に影響を与えている部分があるが，初学者はあまりそのあたりに拘泥せずに，まずは民法の法人規定の概略（設立，能力，機関，消滅等）をとらえるように心掛けるべきであろう。

⑻　権利能力なき社団と中間法人

さらに，営利目的でも公益目的でもなく構成員たる特定の人々の利益をはかる団体（学生自治会，同窓会，町内会等）は，これまでは，特別法の規定がない限り法人とはなれず，「**権利能力なき社団**」として存在してきた（権利能力なき社団については民法に規定がないが，判例や学説は，権利能力なき社団は独立の取引主体や訴訟主体とはなれるが，たとえば不動産を取得して登記する場合はその代表者名義でせざるをえず，また権利能力なき社団が取引をして負債を負った場合も構成員の個人財産まで追及されることはなく，さらに，構成員は，脱退した場合も出資したものの返還請求はできないという関係にあるとする)。2001年に成立した中間法人法は，これらの団体が，法人格を取得して，「**中間法人**」として不動産等の団体財産を管理したりできるようにしたものであったが，2006年の新法によって廃止され，中間法人は一般社団法人として存続することになった。

9　住所・失踪

(1)　住　　所

民法総則は，住所等についても定めている。住所は，どこで債務を履行したらよいか（484条），相続はどこで開始されるか（883条）などを決める基準になるので，総則で定めを置いているのである。各人の生活の本拠をもってその住所とし（22条），住所の知れない場合においては居所をもって住所とみなす（23条）というのがその規定である（**居所**〔きょしょ〕というのは，人が多少の期間継続して居住しているが，その地との密接の度合いが住所ほどにいたらない場所，などと説明される)。「**生活の本拠**」というのは一つか複数かで議論があるが，たとえば東京に妻子と住み，大阪に事務所をもって仕事をしている，という場合は，法律関係ごとに二つの住所を認め，仕事上での法律関係は大阪を住所とみる，という複数説が通説である。住所はまた選挙権との関係で問題になる。最高裁判所の判例は，下宿している大学生の住所は就学地にあるとした（選挙のたびに郷里に帰る必要はない。ただし，もちろん住民票を下宿先に移しておく必要がある)。

⑵　失踪（不在者の財産管理）

従来の住所または居所を去って容易に帰ってくる見込みのない者を**不在者**という。不在者については，その人の財産が放置されたままであれば，本人のためだけでなく，債権者や推定相続人のためにも好ましくない。したがって民法は，不在者が財産管理人を置いていなかった場合は，家庭裁判所は，不在者の推定相続人や債権者等の利害関係人または検察官の請求により，財産管理人の選任など必要な処置を取ることができるとしている（25条①項前段)。

不在者の生死が7年間わからないときは，家庭裁判所は利害関係人の請求によって**失踪宣告**をすることができる（30条①項)。乗っていた船舶の沈没等の危難に遭遇して危難が去ってから1年間生死不明の場合も同様である（30条②項)。失踪宣告があると，その生死不明になって7年たった時点，あるいは危難が去った時点で死亡したものとみなされる（31条)。

なお，「みなす」は「推定する」と異なり，本人が生存していたとしても，失踪宣告が取り消されないかぎり，宣告の効果は失われない。その場合，本人または利害関係人の請求によって，家庭裁判所が失踪宣告を取り消せば，宣告は遡ってなかったことになる。したがって，死亡を前提としてなされた法律行為は無効となるのが原則だが，失踪宣告を信じて婚姻や契約をした者に不測の損害を与えてはいけないので，宣告後取消前に善意でした行為はそのまま有効とされ（32条①項後段)，失踪宣告により財産を得た者は，現に利益を受ける限度で返還すれば足りる（同条②項）。

第 3 章　物権法(1)—物権法総論

い性質，世間の誰に対しても主張できる性質を持つことになる。これが物権の排他性とか絶対性と言われるものである。そうすると，このような世間の誰に対しても主張できる権利は，周囲の人間に影響を与えるわけだから，人々に勝手な内容で作り出されては困る。したがって，民法は175条で，「物権は，この法律その他の法律に定めるもののほか，創設することができない」と定めた。これは，契約等によって，民法その他の法律の定めたものとは異なる種類の物権を作り出すこともできなければ，物権の内容を民法その他の法律に定められているものとは違ったものとすることもできない，という意味である。これを物権法定主義と言う。したがって，物権の種類および内容に関する規定は，当事者の意思によって変更することができない強行規定ということになる。これは，債権が契約等によって自由に作り出すことができるのと全く異なるところである（債権については，公序良俗に反しない限り，契約によって千差万別の形態の債権を創出できる。これは債権が当事者だけを拘束する相対的な効力しか持たないものだから自由に創出してよいのである）。

3　物権の種類

(1)　所　有　権

さて，それでは民法の定める物権の種類（人の物に対する支配権のタイプ）について見てみよう。いうまでもなくその代表は所有権（206条）である。時計の所有者はその時計の使用・収益・処分をすべて自由勝手にすることができる。つまり所有権は，いわば完全な包括的な形の物権である。それでは完全な包括的な形ではない物権とはどういうものか。

(2) 所有権以外の制限物権

たとえばAさんが所有権を持っている物について，その物に対する権利の一部を他人のBさんが持つ，ということができるのである。ここで注意してほしいのは，もともと一つの物については，同じ種類の物権は一つしか存在しえないということである（**一物一権主義**という)。たとえば一つの物を兄弟で所有する，という場合には，一つの所有権を共有しているのであって，所有権が兄弟にひとつずつあるわけではない。そして，一つの物についての一つだけの所有権は，機能として，使用，収益，処分等の権能を包括的にすべて含んでいるわけであるが，そのうちのいくつかの権能を切り離して他人が持つことができるのである（土地の所有権者はAなのだが，その土地を耕作するために使用する権利はBが持つ，というように)。これが所有権以外の他物権とか，制限物権とか呼ばれるものである。

(3) 用 益 物 権

所有権以外の他物権の種類として民法が定めているのは，まず，他人の土地を，その上に建物などの工作物を築造したりして自由に使える**地上権**（265条以下)，それから他人の土地を耕作または牧畜のために利用する**永小作権**〔えいこさくけん〕(270条以下)，自分の土地の便益のために他人の土地を通行したり水を引いたりというように利用できる**地役権**〔ちえきけん〕(280条以下)，一定のグループの人達で土地を共同で使ったりできる**入会権**〔いりあいけん〕(263条，294条）という，いずれも土地に関して，他人の物を利用する四種の制限物権である。これらは，一般に用益物権と呼ばれる。つまり，用益物権は，他人の所有物を使用・収益する内容の，その限りに限定された，またその限りで所有権を制限する，制限物権ということになる。

(4) 担保物権

これに対して，他人が所有権を持つ物を実際に使用することはしないで，ただその物の価値だけを確保するという内容の制限物権も定められている。実際には，債権者が，債務者にお金を貸したりする際に，自分の債権を回収する担保として，債務者の所有物の価値を掌握するというもので，これは担保物権と呼ばれる（つまり，債務者がお金を借りるときに自分の財産に担保を設定し，期限にお金を返せなかったら，債権者はその担保に提供されていた物を売り払って，その売上金の中から貸金を回収する，というようなやり方をするのが担保物権である）。民法の定める担保物権は，さらに二種類に分かれ，当事者の契約によって発生する**約定担保物権**と，一定の状況に立ち至ったときに，法が与えてくれる**法定担保物権**とに分かれる。約定担保物権としては，多くの場合には動産つまり一般の品物について設定される**質権**（342条以下。なお質権は不動産にも債権などにも設定できる）と，不動産つまり土地や建物についての**抵当権**（369条以下）がある。法定担保物権としては，**留置権**（295条以下）と**先取特権**（303条以下）がある。

(5) 占有権

そしてもう一つ，物権の仲間に入るものに，占有権という権利がある。そもそも，物権編の最初に書かれているのは，所有権についての規定ではなく，占有権なのだが（占有権は180条以下に規定されている），これは他の物権とはいささか異なった性質のものである。というのは，所有権以下の物権は，みな，包括的か部分的かにせよ，人がその物に対して持っている法律上の実体的な権利（本権）を表章するものなのだが，占有というのはそうではなく，実体的な権利者がどうかはさておいて，とにかく現在その物を支配しているという事実状態を保護しようとする制度である（また後のII 5で触れる）。

したがって，民法の物権編は，この占有権に始まって，所有権，それ以外の用益物権，そしてその他の担保物権，という順序で規定されている。このうち，最初の占有権から，所有権，そして用益物権までの学問分野を狭義の物権法とか物権法総論などと呼ぶ。残りの担保物権についての学問分野は，それだけを独立させて担保物権法と呼ばれる。

4　物権法総論と担保物権法の比較

物権法総論の部分は，内容として比較的理論的な要素が強く，また規定としてはその強行規定性に特徴がある。これに対して担保物権法は，その機能性・技術性に特徴があり，金融取引等の実務で大変重要な部分といえる（金融実務ではこの担保物権法と債権総論の部分が最も頻繁に問題にされる）。わかりやすく言えば，物権法総論の部分では物権とはどういうものかを中心に学ぶのに対し，担保物権法ではその物権を，貸金や売掛金などの債権の担保・回収にどう活用するかを学ぶのである。それゆえ，担保物権法は，取引実務までわからないと本当の意義を理解するのが難しいところがある。したがって，民法学習の順序としては，物権法総論の部分は比較的早いうちに学習してかまわないが，担保物権法は，少し後回しにしたほうがよいかもしれない。まず物権法総論の部分の基本的なポイントを理解し，担保物権法は，後に改めて，債権総論との関連で学習するというのが，一つの推薦できる学習方法なのである。そこで本書では，担保物権法についてはここでは簡単に紹介するだけで，くわしくは債権法を学んだ後の第7章で説明することにしたい。

Ⅱ　物権法総論の重点学習

1　物権的請求権

すでに述べたように，物権は，排他的絶対的な物の支配権であるから，世間の誰に対しても主張できる。それゆえ，もしその権利が他人によって侵害されたら，物権の持つその基本的性質からして，その侵害を排除し，他人に取り上げられた物については返還を請求し，またそういう侵害が起こらないように請求できる。これを物権的請求権と呼ぶ。この物権的請求権は，契約などに基づいて人が人に対して一定の請求ができる（たとえば売買契約に基づいて代金を請求するなどの）債権的請求権と異なり，その物権を持っていることから発生する権利である（この場合，物権侵害の状態が客観的に違法なものでありさえすればそのような請求権を行使でき，侵害者の故意や過失の存在は必要とされない）。つまり，たとえば所有権者についていえば，他人が勝手に（またはうっかりと）自分の所有する物を持っていこうとすれば返せといえるし，自分の土地に許可なく入り込んでくれば出ていけといえる，ということである（所有権に基づく**妨害排除請求権**）。同じように地上権などの他の制限物権でも，それぞれの物権の範囲内でこの物権的請求権を行使できる（抵当権などの担保物権における物権的請求権については第**7**章に述べる）。

2　物権変動

物権は，動産でも不動産でも，売買や贈与などの契約によって移転させることができるし，相続などを原因として移転することもある。物権法総論の中で最大の論点は，この物権変動，つまり物権を人から人へ移転する場合の問題である。ここには多数の議論があり，さまざまな学説が展開されている。ただ，初学者の場合は，それらの議論に振り回されて，肝心な大筋の構成を見失ってはならない。ここでは，日本民法の規定の基本的な構造をしっかり押さえておこう。

(1)　公示の原則

まず，物権は世間の誰に対しても主張できる権利なので，逆にいえば，周囲の人が，何らかの方法で，誰が権利者なのかを認識できなければ困る。したがって，物権については何らかの方法で公にその存在を知らせる，いわゆる公示方法が取られる必要がある。このように，物権の変動には必ず公示を伴わせるという考え方を，公示の原則と呼ぶ。この公示が必要とされる点は，今日では諸外国でも共通なのだが，問題はその公示の持つ意味である。

⑵　対抗要件主義

①　**総説**　　日本民法が物権変動について採っている基本的な主義つまり基本的な構造は，これは後で出てくる通常の債権の移転についても同様なのだが，対抗要件主義というものである。これは，当事者の間では物権は当事者の意思表示だけで移転する（176条。物権変動の**意思主義**という。したがって物権移転の「有効要件」として必要なのは当事者の意思表示だけである）。しかしそれを当事者以外の世間の誰に対しても主張対抗するためには，法の定めた対抗のための手続き，すなわち対抗要件をそなえなければならない，というものである（⇒ Key word **対抗要件**）。日本民法では不動産についての対抗要件は登記であり（177条），動産についての対抗要件はその物の引渡しである（178条）。（なお，念のためにいえば，占有権は物権といっても物支配の事実状態の保護にすぎず，所有権などの具体的な物権とは異なるので，不動産を占有していても占有権の登記などはできない）。

つまり，たとえばＡさんがその所有する土地をＢさんに売ったりするときは，売りましょう買いましょうという意思表示が合致して契約が成立しただけで，ＡＢの間では，Ａさんの土地はＢさんの物になる。しかし，それがＢさんの物になったのだとＢさんがまわりのＣさんやＤさんやＥさんに主張し，対抗できるためには，Ｂさんが登記をＡさんから移してもらわなければならない，ということになる。ここでは，登記がＢさんの名義に変わることによって，Ｂさんは自分が権利者である，という公示ができるわけである。したがって，日本では，物権の公示方法は不動産については登記，動産については引き渡しを受けたこと，ということになるが，そもそも物権の変動自体は当事者の意思表示によって起こっており，登記を移すことや引渡しをすることはあくまでも対抗要件として要求されていることになる。

Key word **対抗要件**

わが国では，不動産や動産の物権変動にも，債権の譲渡にも，対抗要件主義を採用している。権利移転の「有効要件」と「対抗要件」は正しく区別しよう。債権譲渡の場合の第三者対抗要件は，確定日付のある証書による債務者への通知もしくは債務者の承諾である（467条２項⇒第**6**章II５(2)）。

② **比較法**　当事者の合意だけで物権が移転し，登記や引渡しを対抗要件とするのは，フランス式の考え方である。これに対して，ドイツ式の考え方では，意思表示だけでは物権は移転せず，不動産であれば登記を移転して初めて物権の変動が起こり，動産であれば引渡しをして初めて物権の変動が起こると考える。ということは，ドイツでは登記は対抗要件ではなく，物権変動の成立要件ないし効力要件になる。実は登記の方法はフランスとドイツでは違いがあり，日本では登記法という法律は，実際の登記の方法についてはドイツ法の考えかたを採用している。そのようなこともあって，また，ドイツの方法なら登記のあるところに必ず権利があるということでわかりやすい（次の(4)の説明参照），ということもあって，日本の学者には，物権変動についてもこのドイツ型の解釈を主張する説もある。そこで議論が難しくなっているのだが，日本民法の規定は，あくまでもフランス型の対抗要件主義を採っているということを覚えておこう。

(3) 対抗問題

さて，そうすると，Ａが自分の所有していた土地をＢに売却する契約がされれば，その段階で土地の所有権はＡＢの間ではＢに移る。しかし，まだ登記はＡのままで，Ｂに移転登記をしていない状態であれば，Ｂは世間の人に対して自分が権利者になったと対抗できない。この状態で，Ａが同じ土地をＣに売ってしまったとしよう。こういう二重売買は望ましくないことだが，さまざまな事情から実際にはかなり起こりうる。このような場合，もしＣのほうが先にＡから登記の移転を受けてしまうと，Ｃのほうが，世間の人に対して自分が権利者だと主張できることになり，土地はＣのものになってしまう。この例の二重譲渡のように，両立しえないはずの権利を主張する者が複数出てきてしまった場合は，対抗要件によってその優劣が決定される。こういうものを対抗問題と呼んでいる。

ただし，この例のＣという人が，すでにＡＢ間の売買契約が結ばれているということを十分に知っていて，Ｂから横取りしようという意図で契約し，登記を移転したというケースであれば，そこまでＣを有利に扱うのは問題なので，判例は，そのような場合のＣは**背信的悪意者**である，として，こういう背信的悪意者に対しては，例外的に，第一譲受人のＢは登記を備えていなくても自分が権利者であると対抗できる，としている。

なお，学者は，そもそも二重譲渡は理論的にどうして可能なのか，最初にＢに売った段階でＡは無権利者になるはずだからもうＡにはＣに対しては売るべき権利がないのではないか，などと議論し，この点を説明するいくつもの説が出されている。学理的には大変な難問である。とりあえずは，対抗要件主義の規定のもとでは，BはAから買った段階でABの間では確定的に権利を取得するのだが，この権利は他の第三者に対してはまだ確保できない（その意味で不完全な）もので，別のCが両立しえない権利について対抗要件まで備えて現れた場合には，CがBに権利取得を対抗でき，BはCに対抗できない結果，Bへの権利帰属が否定されてしまうという構造だけを確認しておこう（もちろん，結果的に権利を取得できなくなったBは，契約の観点から，Aに対して債務不履行の損害賠償を請求したりすることはできる。⇒第**6**章II 2(2))。

(4) 不動産物権変動の対抗要件

① **概説**　それでは，不動産物権変動の対抗要件である登記について，もう少しくわしく説明しておこう。民法177条は，「不動産に関する物権の得喪及び変更は，不動産登記法その他の登記に関する法律の定めるところに従いその登記をするのでなければ，第三者に対抗することができない」と定める。つまり，不動産の物権の得喪及び変更はもう意思表示だけで法律的に起こっているのだけれど，登記をしないと第三者に対抗できない，という意味である。ということは，登記は第三者に対抗するための手段にすぎないのであるから，登記がなくても権利は移っている。そこで，①登記をしない場合もあるのだろうし，逆にもし合意のない全く虚偽の登記がなされたとしても，それは無効で，本当の権利は別の人に移っている，という可能性もあるだろう。②「第三者」というが，どんな第三者（他人）であっても登記がないと対抗できないのかといえば，世間のすべての他人に対して登記

がないと権利主張ができないわけではなさそうだ，というような疑問が生じるであろう。これらの点を以下に述べる。

②　**登記の推定力と公信力**　登記は物権変動の対抗要件であって，効力要件ではないから，物権変動があったからといって必ず登記がされるとは限らない（登記をしないままにしておく場合もある。しかしもちろんこれでは二重譲渡や差押えなどをされれば，新しい譲受人や差押債権者に負けてしまう）。しかし，実際には，物権変動があれば登記がなされるのがふつうである。そこで，登記には推定力が認められ，判例も，反証がないかぎり登記に記載されたとおりの権利関係があると推定すべきものとした（これは，**事実上の推定**と呼ばれるもので，登記の記載の真実性を争う者が真偽不明の状態まで立証すれば，推定は破れる）。

これに対して，登記があれば必ず権利があると信頼してよいという公信力は認められない（先に述べたドイツの場合は，登記をしないと権利を移転したことにならない結果，登記があれば必ず権利があるというこの公信力が認められる。日本でもこういう学説があることは既に述べたとおりである）。したがって，実体関係に合わない不実の登記を信頼して取引をしても，登記に記載された権利を取得できないことになる。しかし，判例では，実体関係に合わない登記がある場合において，真実の権利者にその不実の登記を放置していたという帰責性があり，かつその登記を信頼して取引した者に善意の要件が備わっている場合には，94条②項の**通謀虚偽表示**の規定を類推適用（本来その条文の予定した対象ではないが趣旨が同じなので類推してあてはめる）して，取引した者を保護することにして，この点の不都合を一部補正している。つまり，真の所有者Aが，Bに登記を移したことにしてそのままにしておいたのを，Ｂが事情を知らないＣに売ってしまった，という場合には，権利者Ｂという登記を放置しておいたことをＡＢ間の虚偽表示と類推し，94条②項によってＡはその登記という外観作出の無効を善意のＣに対抗できない（Ｃは有効に取得できる）とするのである。

③　**登記と第三者**　177条のいう第三者が，当事者およびその包括承継人（相続人など）を除くすべての人であるとすると，たとえば虚偽の書類で登記を移転したＹに対して真実の所有者Ｘが登記の回復を請求しても，Ｘに登記がないことを理由に拒まれてしまうといった不都合が起こる。そこで，ここでいう「第三者」には，一定の制限があると考えられるようになった（制限説）。

登記しないと対抗できない第三者は，判例では，「登記欠缺〔けんけつ〕を主張する正当の利益を有する者」などと表現されるが，具体的には，同一不動産上に物権を取得した者，賃借人，差押債権者などがこの中に含まれる。反対に登記しなくても対抗できる第三者（登記が欠けていることを主張する正当の利益のない者）としては，主に以下のような者が考えられている。①不動産登記法が明文で除外する二つの場合で，詐欺または脅迫によって登記の申請を妨げた者（不動産登記法５条①項）と，他人のために登記を申請する義務のある者（法定代理人，破産管財人，受任者など）である（不動産登記法５条②項）。後者は，たとえば，ＡからＢが不動産を買い受け，移転登記をするのにＢの法定代理人Ｃが自分名義に登記してしまった場合，Ｂは登記がなくてもＣに対抗できるということである。②背信的悪意者と呼ばれる者で，単に悪意（事情を知っている）というだけなら自由競争の範囲内で許されるが，不動産登記法５条①項②項に匹敵するような背信的な悪意者

（事情を知った上で，真実の権利者を害する意図で取引に入るような，信義則上許されない者）。この背信的悪意者排除は判例法理においては既に確立し，学説の多数説もこれに同調している。③不法占拠者，不法行為者（不法行為については第**5**章参照）など。

(5)　動産物権変動の対抗要件

①　**概説**　　民法178条は，「動産に関する物権の譲渡は，その動産の引渡しがなければ，第三者に対抗することができない」と規定して，動産物権変動の対抗要件が引渡しであることを定めている。したがって，もしAがBにあるパソコンを売る契約をし，Bは代金を先に支払ったが，パソコンをまだ受け取っていないうちにAが同じパソコンをCに売る契約をしてCにパソコンを引渡してしまった場合は，対抗要件を備えたのはCであり，Bは対抗要件を持っていないので，Cに対してそのパソコンを引渡せとは主張できないことになる。これが動産における対抗の問題である（もちろんBとしては，相手方のAに対しては，同じパソコンが別にあるのならそのパソコンを引渡せといえるし，損害賠償として金銭で要求することもできる。これらは債権法で学ぶ)。

②　**178条の対象になる動産**　　民法上動産とは，土地およびその定着物（つまりこれらが不動産である）以外のすべてのものをいう（86条②項）が，動産であっても，特別の対抗要件制度を持っているものや，性質上引渡しを対抗要件とすることがふさわしくないものについては，178条は適用されない。具体的には，船舶や建設機械には登記の制度があり，自動車や航空機には登録の制度があるので，それらのもので登記・登録を受けたものはそれが対抗要件となる。不動産の従

物たる動産（たとえば建物に備え付けられた畳や建具）は，その不動産と運命を共にするから，不動産の移転について登記がされれば，それによって公示されることになる。

なお，金銭については，法律的には特別扱いで，動産とみられているわけではない（所有と占有が一体化しており，178条の対象にはならないと解されている）。

③　**引渡しの態様**　　引渡しというのは，別の言い方をすれば，法が「占有」とみる状態が移る，ということである。問題となるのは，引渡しの態様である。もちろん，現実に相手に目的物を渡すことが引渡しになるのは当然なのだが（**現実の引渡し**と呼ぶ。182条①項），民法上は他にも３種の占有の移転方法が考えられている。一つは**簡易の引渡し**（182条②項）であり，たとえばＡからＢが借りて所持しているものを買った場合は，もともとＢが持っていたのだから，そのままで引渡しを受けたことになる（一度戻して引渡してもらう必要はない）。第２は**占有改定**と呼ばれるもので（183条），Ａが所持しているものをＢに売って，しかしそのままＡが合意でＢのために保持しつづけている，という場合も，Ｂが引渡しを受けたことにするというのである（つまり，この場合もＢは占有を取得し，ＡはＢに代理して占有していると説明される。こういう場合は，Ｂの占有を間接占有という）。第３は**指図による占有移転**である（184条）。Ａが，Ｃに預けているものをＢに売り，Ｃに対して今後Ｂのために占有するように命じ，Ｂがこれを承諾した場合は，Ｂは引渡しを受けたことになる（占有を取得する。この場合も，Ｂは間接占有，ＣはＢを代理した直接占有ということになる）。いずれも，いったん戻して渡しなおす必要はない，という意味で合理的なのだ

が，このうち最も問題がありそうなのは占有改定である。というのは，ＡのものがＢのものに変わり，Ｂが引渡しという対抗要件を備えたのに，物は相変わらず前の所有者のＡのところにあるからである。しかし判例・通説はこの占有改定を引渡しと同じ動産物権変動の対抗要件として認めている。それでは，その外観を信じて（Ａを所有者だと思って）その物（実はＢのもの）をＡから買ったＣはどうなるのか，このＣの保護は次の即時取得（善意取得）の規定ではかられることになる。なお，2004年制定の動産債権譲渡特例法によって，**動産譲渡登記**の制度が創設され，動産の譲渡を受けたことを法務局のコンピューターに登記すれば，この譲渡登記（譲渡人は法人に限定される）をしたことは引渡しとみなされると規定された（つまり引渡しと同等の対抗要件になる。⇒第**7**章Ⅱ３②）。

⑹　動産における占有と即時取得

先に占有権について述べた。つまり，占有権というのは，その人が本当に物権を持っているのかどうかわからなくても，その物を支配しているという事実状態に対して一定の保護が与えられる，という権利である。民法188条は，占有者が占有物について行使する権利は，適法に有するものと推定する，と規定している。つまり，たとえばある人がある物の所有者としての権利をその物について行使していたら，とりあえずその人を所有者と推定するのである。ただし，注意してほしいのは，法律用語で推定というのは，反対の証明をすれば覆すことができるものである（これに対して「みなす」という場合は法がそう決めるということで，反証は許されない。⇒Key word 推定する・みなす）。したがって，自分が所有者なのだ，と名乗り出た人がいて，その人が，自分の所有権を証明できれば，占有者の権利は否定されることになる。けれども，動産の物権変動については，占有がさらに強く保護されることが規定されている。これが即時取得の規定である（「善意取得」とよぶ場合もある）。

即時取得について民法192条は，「取引行為によって，平穏に，かつ公然と動産の占有を始めた者は，善意であり，かつ，過失がないときは，即時にその動産について行使する権利を取得する」と定めている。これはどういう意味か。動産取引は日常頻繁に行われているので，場合によっては，買主が知らずに処分権限のない人から買い受けたりする。たとえば，売主は実はその品物の所有者ではなく，所有者から預かっているだけだったのに，自分がさも所有者であるかのようにふるまって売ってしまったというようなことが起こりうる。けれども，買主は売主が正しい売却の権限を持っていることをいろいろ調査しなければならないというのでは，なかなか売買契約もできない。そこでこういう場合には，売主の外観を信頼した買主を保護する必要がある。そこで民法は，取引の安全の配慮から，動産の場合は，買主が善意で（ここでの「善意」は，単に事情を知らない，という意味よりも，相手が正当な権利者であると信じている，という意味と理解される）買って占有を始めたような場合には，売主が正当な権利者でなくても，その引き渡された途端に権利（売買ならば所有権）を取得する，と定めたのである。この考え方は，公信の原則として知られている。信頼して占有を得た者の保護をはかるわけだが，実はこの**公信の原則**というのは，本来の権利者の側の権利を（その者の帰責事由等の有無にかかわらず）一方的に犠牲にしてしまう，ある意味では偏ったルールなので，民法中ではっきり認められているのはこの規定のみである。

なお，192条にも例外があり，盗品と遺失物の場合は，本来の所有者が当然に権利を失ってしまうのは行き過ぎなので，被害者または遺失主は，盗難または遺失の時から２年間は，占有者に対して返還請求ができることを定めている（193条）。

3　所　有　権

(1)　所有権の意義と内容

所有権は，所有者が所有する物を，法令の制限内において自由に使用・収益・処分できる権利である（206条）。使用は文字通り自分で使うことで，収益とは，物が果実を生めばそれを自分のものにできることである。他人に所有物を貸して賃料（法定果実）を得るのも収益である。処分には，物の物理的処分（消費・改造・毀滅・廃棄など）と，法律的処分（譲渡や用益物権・担保物権の設定など）の両方を含む。

所有権は完全な形の物権であり，その一部を他人に分かつ形で地上権などの用益物権や抵当権などの担保物権の設定ができるわけだが，もちろん他人に付与した用益物権の期間が満了したり，担保物権の目的となった債務を返済して担保物権が消滅したりすれば，元の完全な形の所有権が復元される。

また土地の所有権は，法令の制限内においてその土地の上下に及ぶ（207条）。したがって，ある土地の上に送電線を通したり，トンネルを掘ったりする場合には土地所有者の承諾が必要で，それをしない場合は妨害排除の対象となる。ただし，この「上下」にはおのずから合理的な限界があり，たとえば航空機が上空を飛行することは土地所有権の侵害とはならない。

(2) 相隣関係

さらに土地は原則として他人の土地と隣接しているため，相互の土地所有権の享有のために一定のルールが必要になる。これが相隣関係と呼ばれるもので，民法は209条以下にかなり詳細な規定を置いている。たとえば，ある土地が他の土地に囲まれていて公の道路に接していない場合，その土地の所有者は公道に至るために回りの囲んでいる土地（こういう土地のことを2004年改正前の民法では**囲繞地**〔いにょうち・いじょうち〕と呼んでいた）を通行する権利を持つ（210条①項）とか，土地の所有者は隣地から水が（人為的な排水ではなく）自然に流れて来るのを妨げることができない（214条）などの規定である。ここでは詳細は省略する。

(3) 所有権の取得

① **概説**　所有権の取得のしかたとしては，契約（売買，贈与等）や相続による承継取得（前の所有者から権利を引き継ぐ）が一般であるが，それ以外にも民法239条以下に定める原始取得の方法がある。先占，拾得，発見，添付である。このうち，前三者は例外的なものであるが，最後の添付の中の不動産の付合の問題は，かなり重要である。その他，所有権は時効によっても原始取得されることがある（ただし所有権は消滅時効にはかからない。自分の土地を長年放置しておいても所有権が時効消滅することはないのである。けれどもその土地を他人が長年自分

の土地のようにして平穏公然と占有を続けていると取得時効が完成することがあり，その場合に本来の権利者が反射的に権利を失うということがあるわけである⇒第２章Ⅲ7(1))。

②　**無主物先占**　たとえば野生の動物を捕獲した場合のように，所有者のない（無主の）動産を所有の意思をもって占有した者は，その所有権を取得できる(239条①項)。所有者が遺棄した（つまり所有権を放棄する意思で棄てた）動産も無主物先占の対象となる。これに対し，所有者のない不動産は国庫に帰属する（国の所有になる。239条②項)。たとえば，身寄りのない人が死亡して，相続人も，生前面倒を見ていた人もいないという場合は，その人の所有していた不動産は国のものになるのである。

③　**遺失物拾得**　遺失物（落とし物，忘れ物）については，拾得者による警察署等への届出の後，持ち主を探すための公告が行われるが（遺失物法１条・10条)，公告後３カ月以内に所有者が判明しないときは，拾得者がその所有権を取得する(240条)。注意すべきは，他人が置き忘れた物や，逃げ出した家畜（他人が飼っていたもの）についても，遺失物として扱うということである（遺失物法12条)。これは，所有者が所有権を放棄したわけではないから，無主物先占にはならないのである（したがって，ゴミ置場に棄ててあるテレビは所有権放棄が明白であるから勝手に持っていってもいいが，道端に止めてある自転車に勝手に乗っていってはいけない。これは占有離脱物横領という犯罪になる。刑法254条)。

④　**埋蔵物発見**　たとえば，自分の所有地の中から古銭を発見したような場合も，遺失物拾得の場合と同様の扱いを受ける（したがっ

て公告して所有者が名乗りでなければ自分のものになる）。ただし，他人の土地等の中から埋蔵物を発見したときは，その物の所有者と発見者が折半して，埋蔵物の所有権を取得する（241条，遺失物法13条）。

⑤　**添付**　所有者の異なる二つ以上のものが結合したり，混合したりした結果，元に戻すことが著しく困難になったり，壊さなければ分離できない状態になった場合には，民法は，その結合・混合した物を一つの物として扱うことにした（243条以下）。無理な分離・復旧はかえって社会経済上不利益をもたらすからである。これが添付〔てんぷ〕である。物の結合の場合を付合（合成物ができる），混合の場合を混和（混和物ができる）といい，さらに，他人の材料に労力を加えて別種の物を作り出す場合を加工（加工物ができる）と呼んで類似の扱いをするので，添付にはこの付合，混和，加工の３種があるといえる。このうちで問題が多いのは不動産の付合である。

まず動産の付合からその基本的な考え方を説明すると，付合によって毀損しなければ分離できなくなった二つ以上の物については，所有権はそのうちの主たる動産の所有者に属する（243条。分離ができるとしてもそのために過分の費用を要するときも同様である）。つまり従属するほうの動産の所有者は返還請求ができなくなる（もっとも，主たる動産の所有者が一方的に得をするのはおかしいので，所有権を失うことになる従たる動産の所有者は，損失があれば，主たる動産の所有者に対して不当利得の規定に従って償金を請求しうる。248条。不当利得については第**5**章で学ぶ）。もし付合した動産の主従の区別がつかないときは，各動産の所有者は，その付合の当時における価格の割合に応じて合成物を共有することにする（244条。共有についてはこの後説明する）。混和（たとえば

2人の所有する石油が混ざってしまったような場合）についても付合の規定を準用する（245条）。

加工については，他人の動産に工作を加えた者があっても，基本的にはその加工物の所有権は元の材料の所有者に属する。ただし工作によって生じた価格が著しく材料の価格を超えるときは，加工者がその所有権を取得する（246条①項。この場合にも，所有権を失うことになる材料の所有者は248条によって償金請求できる）。

⑥　**不動産の付合**　　242条は，不動産の所有者は「その不動産に従として付合した物」の所有権を取得すると規定し，同条ただし書は，「ただし，権原によってその物を附属させた他人の権利を妨げない」と規定する。つまり，たとえば自分の土地に他人が木を植えて根づいた場合，その木の所有権は土地所有権者のものになるが，もしその他人というのがこの土地の正当な賃借権者であれば，（賃借人は土地を自由に使う権原を持っているのだから）賃借人が木の所有権を保有するというのである。

ただ，注意すべきは，わが国では土地とその上の建物とは常に別個の不動産と考えるので，土地と建物の関係についてはこの242条は適用がないということである。したがって，242条の例としては，他に，建物に分離不可能な形で何かを取り付けたとか，海辺の土地に土砂が堆積したなどという場合が考えられる。しかし難しい問題を含むのは，建物を勝手に増改築したような場合である。元の建物に出窓をつけたというのであれば，建物に出窓部分の材料の動産を付合したということで明瞭なのであるが，増築部分が，壁はもとの建物の一部を使っているのだが増築部分だけでも独立の建物と見られるような場合には，建物（不動産）に建物（不動産）が付合することがあるのかどうかが微妙な問題となり，議論の分かれるところである。

(4) 共　　有

先に，一つの物の上には同じ物権は一つしか成立しないといった（一物一権主義）。たとえば，甲という土地をAが所有しているのであれば，Aがその土地についてBに地上権や抵当権などを設定するということはできても，A以外のたとえばCという者が同じ甲土地の別の所有権を持つことはありえないのである。しかし，Aが甲土地の所有権（一つ）を，他人と共同で持つことはできる。これが共有である。民法は，各共有者は共有物の全部につきその持分に応じた使用をすることができると規定する（249条）。持分の割合は，各共有者が合意によって決めることができるのは勿論であるが，その取決めがない場合は，各共有者の持分は均等と推定される（250条）。不動産について共有の登記をするときは，各自の持分の割合を必ず記載しなければならない（不動産登記法59条4号）。といっても各持分権者は，法律上は共有物の全体を利用できるのであって，持分が10分の1だから土地の10分の1の面積しか使えない，というわけではない。ただし，各共有者において，共有物の利用区分等を合意すればその合意に従って利用することになる。

また，各共有者はいつでも共有物の分割を他の共有者に対して請求しうるが，ただし，5年を超えない期間で分割を請求しない契約をすることは妨げないと規定されている（256条①項）。

なお，学者は，広義の共同所有概念の中には，いわゆる狭義の共有の他に，**合有**と**総有**というものがあるという。合有というのは，後に学ぶ組合（⇒第**4**章Ⅲ 9）の財産関係を指し，一定の目的による団体的拘束が存在するので，各共同所有者（組合員）はその財産の処分を制限され，目的物の分割請求も禁止される（676条）等の点がいわゆる共有と異なる。総有というのは，入会〔いりあい〕つまり村落共同体の構成員が入会地という共同で利用する山林原野を持つ場合の財産関係を指し，この場合は，団体的統制の下でその山林原野を利用するのであって，個人的な持分も分割請求も観念できないとされる。

用語の点で付言すれば，所有権以外の財産権（地上権や賃借権など）の共有を，**準共有**と呼ぶ。

(5)　建物の区分所有

マンションなどの集合分譲住宅においては，一棟の建物の中に，各居室等の独立した複数の所有権が存在する。これが**区分所有権**で，「建物の区分所有等に関する法律」（区分所有法と略される。昭和37年制定，昭和58年大改正）によって規律されている。

この区分所有法は，区分所有建物の中を，**専有部分**（独立の所有権の目的となる各居室等）と，区分所有者の共用に供される**共用部分**に分け，さらに区分所有建物の建っている敷地の利用権（所有権の場合が多いが地上権や賃借権である場合もある。専有部分の割合に応じて各区分所有者に共有または準共有される）を専有部分と一体として取り扱えるようにしている（区分所有者は専有部分の権利と敷地利用権とを切り離して処分できない）。そして区分所有者全員による団体自治の実現のために，管理組合を置き，組合員たる区分所有者の総意によって組合が運営されていくよう，規約や集会の決議方法について定めを置いている。

4　所有権以外の用益物権

(1)　地　上　権

地上権は，他人の土地で工作物や竹木などを所有するためその他人の土地を使用する権利である（265条）。工作物というのは建物などであるが，地上権は他人の土地の使用権という点に中心があるので，工作物や竹木の所有に限定されないし，それらのものが必ず地上になければいけないわけではない。一般には所有者と利用者との間で地上権設定契約をして発生するが，遺言や取得時効によって取得されることもある。

地上権は，賃借権と類似する（借地借家法では建物所有目的の地上権と土地賃借権とを合わせて借地権と呼んでいる）。しかしどこが違うのかといえば，地上権は物権であるから，目的の土地に対する直接の使用権であるが，借地権は債権だから，その土地の利用を請求する権利，ということになる。その結果，地上権には譲渡性・相続性が当然に認められる（地上権者は自由にその地上権を他人に譲渡したりできる）のに対し，賃借権は譲渡性を制限されている（612条）。また，地上権者には登記請求権が認められる（所有者に地上権の登記をせよと請求しうる）のに対し，賃借権者は，所有者がその旨の合意をしない場合には，登記せよと請求はできない。その他存続期間の規定などからみても，地上権は賃借権に比べてかなり強い権利であるということができる。

(2) 永小作権

永小作権は，耕作または牧畜のために他人の土地を利用する物権である。性質は地上権に類似するが，小作料の支払を要素とするところが異なる（270条)。明治初期には汎用される権利と考えられていたが，今日では例外的な存在しかない（ほとんどは賃貸借関係でなされている)。

(3) 地役権

地役権〔ちえきけん〕は，一定の目的に従ってある土地の便益のために他人の土地を利用する権利である（280条本文)。たとえば，甲地の所有者が甲地の利用のために乙地を通行する通行地役権や乙地を通して水を引くという引水地役権などがある，この場合の甲地を**要役地**〔ようえきち〕，乙地を**承役地**〔しょうえきち〕と呼ぶ。この地役権は，すでに学んだ相隣関係とどう違うのか。相隣関係は，法がいわば相互の所有権享受に最低限の制限を付したものであるが，それだけは不十分であるような場合，この地役権の設定契約をするのである。なお，地役権は事実上継続的に行使していれば時効取得することもできるし(283条)，設定しても使わずにいると消滅時効にもかかる（291条)。

(4) 入会権

入会権〔いりあいけん〕は，村落共同体において，山林や原野などを共同体の構成員が共同で利用するという，慣習法上の物権である。民法は，共有の性質を持つ入会権（263条）と共有の性質を持たない入会権（294条）があることを認めた上で，その内容は慣習に委ねることとした。

5　占　有　権

(1)　序　　説

既に言及してきた占有について，ここでまとめておこう。繰り返すが，占有権は物権といっても，他の物権（所有権とその支分権たる制限物権）とはまったく異なる。民法は，あたかも「占有権」という権利があるかのような構成をとっているが，実際に法的保護の対象となっているのは，「占有」という事実状態である。物に対する一定の支配状態を法が占有として保護するのである。この場合，その支配をしている人が実際にその支配をできる物権（本権と呼ぶ）を持っているかどうかは問わない（したがって後述する占有訴権を使っていったん保護を受けてから，本権の争いで負けてしまうことはありうる）。

(2)　占有の成立

占有とは，「自己のためにする意思をもって物を所持する」ことをいう（180条）。この定義によれば，占有には，物の事実的支配たる所持（占有の体素と呼ぶ）と，自己のためにする意思（占有の心素と呼ぶ）を必要とする。しかしこの自己のためにする意思は，今日ではかなりゆるやかに解されており，直接・間接に自分が事実上の利益を受ける立場で物を所持するときは常に自己のためにする意思があると認めてよいと考えられている。また所持というのも，社会通念上その人がその物を支配しているとみられる状態にあればよく，必ずしも物理的に把握していなくてもよい（たとえば旅行中の留守宅に置いてある物にも所持が成立している)。そしてこの所持は，次に述べるように，代理人や補助者にさせることもできる。ただし，そのような意味での占有物の所持を失えば，占有権は消滅する（203条本文)。

(3)　占有の態様

① **自己占有と代理占有**　　占有者自身が物を所持しているのが**自己占有**であるが，占有代理人に物を所持させるのが**代理占有**である(181条)。たとえば家の賃貸借でいえば，直接の占有は賃借人がしている。家の賃貸人は，**間接占有**をしていることになる。ただし，この場合の代理占有者を民法は「代理人」と表現するが，これは民法99条以下の意思表示による代理人（本人が代理権を授権した者）とは性格が異なる。あくまでも物の支配の事実関係の中で，本人と一定の関係にある者が本人のためにする意思を持って占有をすればよいのである。なお，家事使用人や店員の場合は，占有補助者（本人の手足として本人の占有を補助する者）であって代理占有は成立しない。

② **自主占有と他主占有**　　占有者に「**所有の意思**」のある占有を自主占有，そのほかの占有を他主占有という（185条)。この区別は，既に学んだ取得時効（162条）や無主物先占（239条）等について実益がある。

物を買い受けた人には自主占有があり，賃借人には他主占有がある。ただし，賃借人がその賃借物を買い受けたような場合は，新権原による占有として，他主占有は自主占有に変わる（185条)。最近の判例は，相続もこの新権原にあたるとしている。

⑷　占有権の取得

占有は，原始的に取得することも，前主から承継取得することもある。遺失物拾得などは前者であるが，重要なのは後者すなわち，売買契約などによって前主の占有を同一性を保って引き継ぐ承継取得である。承継取得には，相続によるものも含まれる。

承継取得の場合，占有者は前主の占有を主張することも，新たに生まれた自分自身の占有を主張することもできる（187条①項）。ただし，前主の占有を主張する場合は，前主の占有の瑕疵（悪意・有過失など）も引き継ぐことになる（187条②項）。

⑸　占有の効果

①　**占有訴権**　　占有者は，他人に占有を妨害されたときは，その占有が正当な権利に基づくものか否かにかかわらず，占有の訴えによって妨害の排除を請求できる（197条以下）。占有訴権には次の３種がある。**占有保持の訴え**，**占有保全の訴え**，**占有回収の訴え**である。

占有訴権は，物の事実的支配についての妨害の排除の権能であるから，本権の訴え（所有権に基づく妨害排除など）とは関係がない（202条①項）。したがって，同一人が占有訴権と本権の訴えを同時に起こすこともできる。

②　**権利の推定**　　占有者は，占有物に対し適法な占有権原を有するものと推定される（188条）。たとえば，自分が所有者だと主張する者が目的物を占有している事実を証明すれば，その者は一応所有権者と推定されるので，それを争う者のほうで，占有者に所有権がないことを立証しなければならない。ただし不動産については，既に学んだ

登記の推定力が優先するので，占有による権利の推定は未登記の不動産についてのみ適用があることになる。

③　**善意占有者の果実収取権**　　たとえばある土地の所有権がないのにあると誤信して占有していた者は，その土地のリンゴの木になった果実を収穫することができる。これが善意占有者の果実収取権である（189条①項）。後になって本権者に対して果実まで返還させるのは善意占有者に酷にすぎるからである。法定果実としての賃料についても同様である。

第 4 章　債権法(1)—契約法

I　債権法の概観

1　人に対する権利としての債権

すでに述べたように，民法は私たちの持つ権利を物に対する権利と人に対する権利に分けて規定している。後者が民法の中の第３編債権の部分で，債権法と呼ばれる。

債権は，明治の初めにヨーロッパ（最初はフランス）から近代民法典を輸入しようとしたときに，当初「対人権」と訳されたことからもわかるように，特定の人が特定の人に対して何らかの行為などを請求できる権利である。「行為など」と書いたのは，通常は金銭の支払いであるとか品物の引渡しであるとかの作為を指すが，場合によっては「同一の商店を開業しない」とか「夜は騒音を出さない」とかの不作為を指す場合もある。またこれらの作為不作為等をまとめて「給付」という用語を用いる場合もある。債権の目的となる給付は，通常は何らかの経済的価値を持つものだが，民法は，必ずしも金銭に見積もることができないものでも債権の目的となるとしている（399条。ただし，全くの心理的道徳的な内容の給付は債権とは呼べないだろう。たとえば「毎年故人の法事を行え」というのは債権になるが，「毎朝一心に祈れ」という内容であれば債権として評価できないと考えられる）。このような債権の性質とか発生原因とかを学ぶのがこの債権法である。

2　資産としての債権

経済学や会計学を学んでいる人たちにはよくわかることと思うが，ある人なり会社なりの持っている資産（財産）の中には，モノつまり不動産や動産以外に，貸金や預金の形での債権がある。たとえば，歴史の新しいリース会社やクレジット会社では，所有不動産などは比較的少なくても，業務上，無数のリース料債権やクレジットの立替金債権などを資産として保有している。

民法の世界でも，かつてはモノを持っていることつまり所有権などの物権を有していることが重要視されたが，近代そして現代と時代が下るにつれて，この債権が優越的な地位を占めるようになってきた。それは，債権の財貨性の承認の歴史と符合している。ローマ法の初期には，この債権というものは特定の人と特定の人を結ぶ「法の鎖」であるとして，第三者に勝手に譲渡したりできなかった。それがローマ法中期以降，徐々にその譲渡性が認められ，近代民法ではどこの国も債権の権利としての譲渡性を自由に認めている。その結果，債権に資産としての価値が生まれ，今日では不動産などよりも容易に換価・流通しうる資産として，取引社会での重要性が増してきているのである。また別の角度から言えば，封建時代の土地所有を基軸とした人と人の間の支配・被支配の関係が，今日では（これも望ましい現象ではないが）債権関係による経済的支配・被支配の関係に変わってきているということもいえよう。

いずれにしても，債権法は民法学習の中で大変重要な部分であるといえる。

(3)　契約の部分の規定の意味

なお，契約自由の原則によって，契約はさまざまな内容を持ったものができうるわけだが，民法ではその中の13種類について規定を置いた。けれども，繰り返して強調しておくが，民法の中でも債権法は，我々が，個人と個人の自由な意思に基づく約束によって，自分たちでお互いの間のルールを自由に作ることができるという「意思自治の原則」「私的自治の原則」を前提に考えられているので，これらの規定も，当事者がこまかいルールを定めて置かなかったときにだけ補充的に使われる，任意規定ということになる。

2　契約の分類

(1)　典型契約と非典型契約

民法は，いちおう世間で良く使われるだろうという13種類の契約を選んで規定したので，それを典型的なという意味で典型契約と呼ぶことがある。それ以外の契約は非典型契約ということになる。また，この13種を，法典上に名前がつけられているという意味で有名契約(famousという意味ではない)，それ以外の非典型契約のことを無名契約と呼ぶことがあるが，無名だから重要でない，という意味では決してなく，現代の世の中では，リース契約やクレジット契約のように，13種にはないが大変重要な契約も存在する。また13種の中でも今日あまり使われない契約もある。

さらに当事者の意思がはっきりしていない場合には，そもそもこれはどういう契約にあてはまるのか，が問題になる(契約の解釈)。民法の授業では，売買契約は，とか，賃貸借契約は，などと講義をするが，実際の社会では，その契約自体の解釈，あるいは当事者意思の解釈というものが問題になるケースも多い。そのようなことを理解した上で，典型契約を中心にして，さまざまな契約をいくつかの特徴から分類してみよう。

⑵　諾成契約と要物契約，要式契約

まず，諾成契約と要物契約という分類ができる。現代の多くの契約は，諾成契約である。諾成というのは，要するに意思表示の合致だけで成立し効力を発生する，というものである。たとえば売買契約がそうである（ちなみに国によっては，高額の売買契約は契約書を交わさないと成立しない，などという形式を要求している場合もあるが，日本では，契約書を作ることは民法上では要求されていない。したがって，たとえば高額の不動産などの売買契約も意思表示の合致だけで成立する。しかしながら，当事者が自分たちで証拠を残すために契約書を作るのが普通であるし，また，たとえば不動産の売買を業者が仲介するときなどは，宅地建物取引業法などという，それぞれの特別法によって，契約書の作成交付が義務づけられている場合もある)。

そして例外的に幾つかの種類の契約は，諾成契約ではなく，要物〔ようぶつ〕契約になっている。つまり意思表示が合致しただけではだめで，目的物を渡して初めて成立し効力を持つというものである。しかし，2017年の改正法では，要物契約を諾成契約に変更したものがいくつかある。たとえば，ただで物を貸して使わせる契約である使用貸借（593条）の場合には，貸し借りの合意をしただけでは成立せず，実際に目的物を貸し渡したところで初めて成立するとされていたのが，

合意したことを重視する立場から，諾成契約に変更された。

さらに，上記にも例示したように，一定の形式（たとえば書面の作成）がないと契約が成立しない，と法が定めている場合には，そういう契約を要式契約という（民法では保証契約がそれにあたる。446条②項）。

(3)　双務契約と片務契約

次に，双務契約と片務契約という分類ができる。売買のように，両方の当事者に債権債務が発生する契約を双方当事者に債務（具体的にいえば売主には目的物を引き渡す債務，買主には代金を支払う債務）が発生するという意味で双務〔そうむ〕契約と呼ぶ。アパートを借りたりするときの賃貸借契約（後述参照）でも，借主には賃料支払債務と終了時の返還債務，貸主には目的物を利用可能な状態で貸し続ける債務が発生するので双務契約である。

逆に贈与契約（後述参照）は，「あげます—もらいます」という合意だけで一応成立するが，もらう側にはとくに債務は発生せず，贈与者側だけに引渡債務が発生する。先述の使用貸借契約も，貸し渡すと，あとは借主に返還義務が発生するのみである。こういうものを片方当事者だけの債務という意味で片務〔へんむ〕契約と呼ぶ。この分類は，契約の効力や解除に関して，双務契約だけに使われる規定があるので，重要である。

(4)　有償契約と無償契約

もう一つの分類は，有償〔ゆうしょう〕契約と無償契約というものである。これは，売買における品物と代金というようにお互いに対価的な価値（この対価的な価値というのは客観的にみて経済的に同価値という必要はなく，当事者の間で釣り合った価値と理解したものでよい）をやり取りしている契約か，贈与のように一方当事者がただで対価をもらわずに財産を出すような契約か，ということである。

この分類も重要である。というのは，契約が有償か無償かで後に述べる担保責任の程度が変わるのである（売買のような有償契約では担保責任が重くなっており，売買なら渡した品物が契約に適合する価値を持っていなければ売主は責任を負わされる。これに対して贈与のような無償契約なら，基本的にはもらったものが傷ものだったとしても，ただでもらっているのだから我慢せよ，ということで担保責任は軽いものに規定されている）。

3　契約の効力

(1)　契約の有効性

契約の効力ないし有効性についての基本的な規定は，実は日本民法には置かれていない。契約が効力を生じるためには，内容が適法であり（適法性），可能であり（可能性），確定していること（確定性）が必要とされる。なお，従来は，契約締結時にすでに燃えてなくなっている建物の売買契約のように，目的物が存在せず履行がもともと不可能な場合は，原始的不能として契約は無効であり，債権債務は発生しないとしてきた（ただし，たとえばその建物が入手できると信じてそこに入れる家具を購入したというような損害を発生させた場合は，「**契約締結上の過失**」として，信頼利益の損害賠償責任が発生することがある）。しかし2017年改正以後は，これも契約としては有効と考え，後は損害賠償で処理する。なお，これから商品を売って発生する売掛代金債権を譲渡する契約というのは，もともと原始的不能ではなく，始期と終期を限定したりすれば確定性も認められるので，有効に成立する。

(2) 拘束力と相対効

契約の基本的な効力としては，まず，当事者の合意を根拠に，当事者間に拘束力が発生する（契約は守られなければならないということで，ことに最近の債権法改正の議論では，この契約をしたことによる相互の拘束をより強く認めるべきであるという意見が多かった。またそれは国際的な傾向である）。したがって，相手が守らないときは，裁判所に訴えて強制的に履行させるか，当初の約束の行為をする代わりに損害賠償をさせることが可能である（もちろんこれも契約の中で当事者が特別に強制執行はしない，などという合意をしていたときは別ということになるが）。さらに，契約の効力は，相対効といって，原則として契約当事者だけを拘束するものである。ただ，たとえばＡＢ間の売買で代金を第三者のＣに直接支払う約束を付け加える，というように，当事者以外の第三者に利益を与える契約はできるが（後述の第三者のためにする契約。537条以下），これも第三者に義務を負わせるような合意はできない。

(3) 同時履行の抗弁

さらに，双務契約の場合は，契約が存在することの効果として，同時履行の抗弁というものが定められている。つまり，たとえば売買ならば，買主は，売主が品物を引き渡してくれるまでは代金を支払わない，と抗弁（相手方の請求に対抗して主張すること）ができ，逆に売主は，買主が支払うまでは品物を渡さない，と抗弁することができる(533条。相手方が履行の提供つまり代金の持参などをしてくるまで行使できる)。したがって，お互いの同時履行の抗弁がお互いの履行を促進させることになり，結果的に引換給付ができることになる。もちろんこれも，当事者が何らかの理由で代金先払いなどと決めていた場合はそれがルールなので，その場合は同時履行の抗弁は使えない。なお，同時履行の抗弁を主張している当事者は，その間履行が滞っても債務不履行の責任を負わない（債務不履行とそれによる解除・損害賠償については後述本章4参照)。

(4) 危険負担

双務契約の双方の債務の関係についての制度として，もう一つ，危険負担というものがある。これは，たとえば別荘の売買契約で，契約してから引渡し期日がくる前に，山火事で別荘が焼失してしまったなどという場合のように，契約後引渡しまでに債務者の責任のない事由で目的物が滅失した場合（これは帰責事由がないので後述の債務不履行ではない)，その損失を売主たる債務者と買主たる債権者のどちらが負担するか，という問題である。つまり，債務者たる売主の引渡債務は，目的物が代わりのきかないものならば履行が不能となり，消滅するが，債務者には責任がないので損害賠償はしなくてよい（これに対して債務者に帰責事由がある場合は債務不履行となるから，債務者の債務はなくなるわけではなく，後述するように損害賠償債務に変わって存続する。⇒4(1)(2)参照)。けれど相手の買主は契約をした以上代金を支払う必要があるかどうかということである。これは本来当事者が契約で決めて

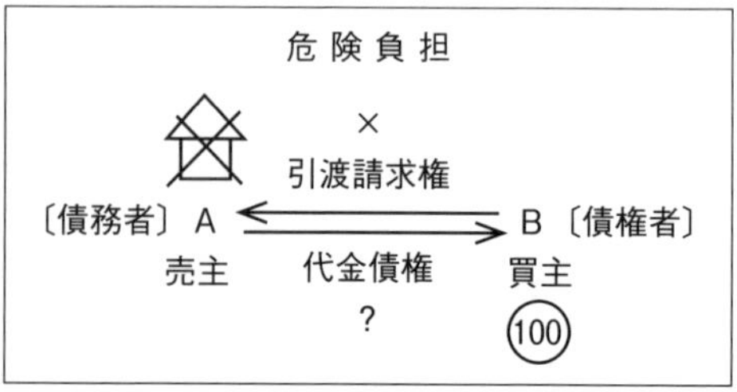

おけばよいのだが，決めておかなかったときのために，民法は，危険負担の規定を置いた。しかし，2017年改正では，これまでの規定を大幅に変更して，すべての契約について債務者が危険を負担し（債務者主義），ただ，これまでの危険負担における「反対債務が消滅する」という構成を改めて，「債権者は，反対給付の履行を拒むことができる」としたのである（履行拒絶権構成。536条①項。これまでの，売買など特定物の所有権の移転等に関する契約についての債権者主義の規定は削除された）。したがって，売買で言うならば，目的物の焼失のリスクは売主（引渡しについての債務者）が負担することになる。債権者主義（目的物は手に入らないのに代金は払わなければならない）には批判が強かったので，その削除は適切と思われるが，なぜ履行拒絶権構成を採ったのかというと，この後で述べる解除の規定と要件が重なることになったため（従来は解除に帰責事由を要求していたが，今回の改正で解除に帰責事由を問題にしなくなった），双方に帰責事由のないこの危険負担のケースは解除でも処理できることになったからである（こういうところは，学理先行で，国民にとっては少しもわかりやすい改正ではない）。したがって，債権者は，契約を解除してもいいし，危険負担で履行を拒絶してもいいということになる。なお，賃貸借などの，所有権の設定や

移転を伴わない双務契約の場合は，改正前の536条の規定と同様に，債務者主義で変わらないということになる。

念のために述べておくが，危険負担は，契約後引渡しまでの間に発生した問題である。引渡しが済めば，危険は売買でいえば買主に移転する（その後に滅失損傷があっても買主が負担し，代金支払義務も免れない）のは当然である（567条）。

Key word　危険負担，債権者主義と債務者主義

危険負担が問題になるのは双務契約である。双務契約では債権も債務も両当事者に発生する。そこで，危険負担の債権者主義（債権者が危険を負担する）とか債務者主義（債務者が危険を負担する）というときに，債権者と債務者を間違えないように注意してほしい。滅失した財産価値からみて債権者と債務者を決める。つまり，焼失した別荘の例であれば，別荘を引き渡せという債権を持っていた買主が債権者，引き渡す義務を負っていた売主が債務者である。したがって債権者主義ということは，債権者が危険を負担するのだから，別荘引渡しについての債権者たる買主は目的物を入手できない（債務者たる売主の履行義務が消滅する）が，代金支払の債務は消えずに残るということになる。債務者主義なら債務者が危険を負担し，反対給付を得られない。改正法はこちらの立場に立って，「債権者は反対給付の履行を拒絶できる」と規定したのである。

(5)　第三者のためにする契約

たとえばＡＢ間の売買で代金を第三者のＣに直接支払う約束を付け加える，というように，当事者以外の第三者に利益を与える契約を，

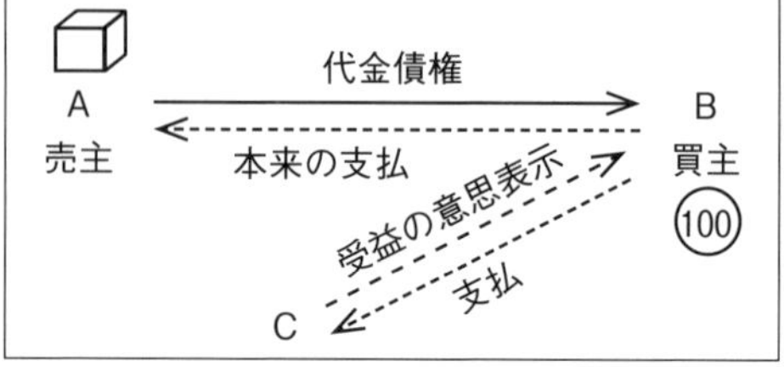

第三者のためにする契約

第三者のためにする契約という（537条以下）。これもひとつの契約であるが，それだけで独立して存在する契約ではなく，何らかの契約に付随してなされる**特約**ないし**附款**〔ふかん〕ということになる。これは，契約の効力を当事者以外に及ぼす，ということで，契約の効力の一般的な考え方（当事者以外には及ばない）の例外として規定されているのだが，この場合も，以下のような限定がある。①第三者Ｃに利益を与える契約はできるが，Ｃにマイナスの債務を負わせるような合意はできない。②受益者たる第三者Ｃは，そのＡＢ間の合意による利益を自動的に得られるわけでなく，その利益を受ける意思表示が必要である（**受益の意思表示**）。③受益の意思表示があるとＡＢはその合意を撤回できないが，受益の意思表示があるまでは撤回が可能である。なお，受益の意思表示の後は受益者は債務者に対して直接給付を請求できるが，その場合，債務者は債権者に言える抗弁はすべて主張することができる（たとえば，売主Ａが買主Ｂと売買契約をし，「代金は直接Ｃに支払うこと」という第三者のためにする契約をした。そしてＣが受益の意思表示をした後にＢに代金を請求したが，ＢはＡからまだ品物を引き渡されていないとする。ＢがＡに対して同時履行の抗弁を主張できる場合であれば，

ＢはＣに対しても同様に同時履行の抗弁を主張できる)。

4　債務不履行と契約の解除

さて，もし相手が契約を守らず履行をしてくれなかったらどうすればよいか。もちろん裁判所に頼んで強制的に実行してもらうこともできるが（強制履行という)，もう間に合わないとか，相手がそもそも目的物を無くしてしまったりして履行が不能になったという場合は，どうすればいいか。この場合，民法上，方法は二つある。一つが債務不履行による損害賠償を請求すること，もう一つが，債務不履行を理由に契約を解除することである。日本民法では，この解除と損害賠償はどちらを選んでも，また両方してもかまわない（545条④項)。ただしその規定は，損害賠償は債権総論の範囲のところに，解除は債権各論の範囲のところにと分けて置かれているので，ここではそれをつなげて説明しよう。

(1)　債務不履行の種類

これまでは，民法上債務者が債務不履行責任を負うためには，債務者に帰責事由（責めに帰すべき事由）がなければならないと説明されていたのだが，2017年改正はこれを改め，契約の拘束力を重視して，まず約束通りの債務が履行されなければ債務不履行になり，ただ契約の内容や社会通念に照らして債務者に帰責事由がないと認められるときは債務者は責任を免れる，という構成にしたのである（帰責事由は債務不履行の必要な要件ではなく，それがないことが免責の要件となるというわけである)。したがって，地震や火山の爆発のような自然災害で履行ができなくなった，という場合はこの意味の債務不履行にはならない。契約当事者本人ではなく契約の履行を補助する者の行為についても，債務不履行かどうかの判断と，帰責事由がないかどうかの判断とに吸収されることになる。

そして債務不履行には，①履行が約束の期日から遅れたという履行遅滞，②履行がもうできなくなってしまったという履行不能，③期日に何らかの履行はされたのだがそれが約束の内容を持っていなかったとか，不完全なものだったとかいう不完全履行，の三つの種類がある。

⑵ 損害賠償

履行遅滞のときは，遅れても結局履行されたというのであれば，その遅れた間に生じた損失を賠償してもらうことになる（これを**遅延賠償**という）。履行不能のときは，給付されるはずのものに代わる金銭を賠償してもらうことになる（これを**塡補賠償**〔てんぽばいしょう〕という）。損害賠償の範囲については，日本民法は416条で，**通常損害**と**特別損害**というものに分け，通常当然に生じるべき損害はそのまま賠償の範囲に含まれ，特別な事情で生じた損害については，当事者に予見可能性があったかどうか（あらかじめ想定すべきであったか否か）で分けて，予見可能だった部分だけが賠償すべき範囲に入るとしている。何が通常損害で何が特別損害かは個々のケースで決めていかなければならないが，たとえば家を買って引渡しが１カ月遅れたため，１カ月間アパートを借りなければならなかったという場合はその家賃は通常損害と認められることが多いと思われる。しかしその家を買ったらすぐ

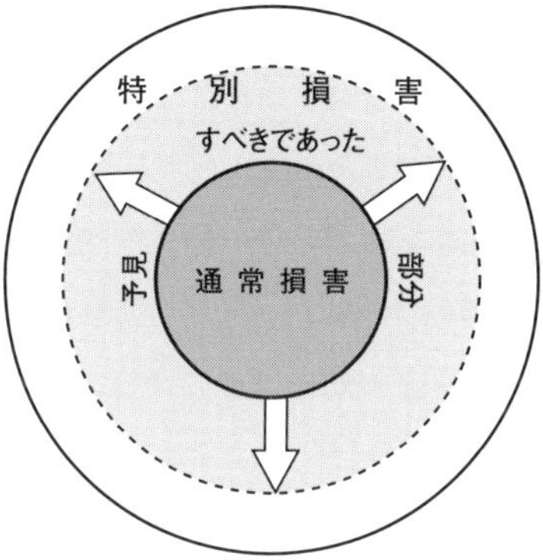

損害賠償の範囲

に別の人に高く転売できる約束だったのに引渡しが遅れてしまったので転売ができなくなり，その転売差益を賠償請求する，というのであれば，これは（買主が一般人であれば）特別損害になると思われるので，買主がそういう転売をすることが売主も予見すべきであった場合にだけ，賠償の範囲に入ることになる。

(3)　契約の解除

もう一つの対処の方法である契約の解除は，債務不履行をされた側の債権者が，債務者に対して，一方的な意思表示で契約を最初からなかったことにすることである（したがって解除は法律行為の分類でいうと，1人でする単独行為ということになる)。この意思表示をすると，当事者には**原状回復**という効果が生じる（原状とは最初の状態という意味)。つまり，契約する前の状態に戻す義務が発生する（545条①項本文)。ただし，原状回復効は，第三者の権利を害することができない。つまり，解除される前にさらにその品物を買主から買って対抗要件も得ているような第三者があれば，その人の得た権利を害することはできないとされている（545条①項ただし書）。

なお，解除の**遡及効**〔そきゅうこう〕すなわち契約がなかった元の状態に戻る効果は，売買契約などの一回的な契約ならば当然にあるのだが，後述の賃貸借契約（⇨Ⅲ3）のような継続的契約の解除の場合には，遡及効はなく，解除の効果はその時点から将来に向かって発生するだけである（受け取った過去の家賃を返還し，過去の利用利益を返還するというのは無意味だからである）。

解除の方法は，まず履行遅滞の場合は，原則としていったん期限を決めてもう一度履行をうながし（**催告**という），それでもだめなら解除できる（541条）。もっとも，契約の中には**定期行為**と呼ばれる，その時点に履行しなければ意味のないもの（たとえば結婚式の披露宴の料理の注文など）があり，そういう場合には催告せずにただちに解除できる（542条①項4号）。履行不能のほうは，不能のものを催告するのは意味がないから，ただちに解除できる（542条①項1号，3号，542条②項）。この場合，約束した履行期日の前でも，履行不能が確定した場合は解除が可能である）。不完全履行の場合は，後から追って完全にできる（追完可能な）ものなら履行遅滞のように催告してから，追完不能なものなら催告なしにただちに，解除できる。

5　定型約款

民法はこれまで，約款（多くの場合，大量かつ画一的に行う契約等で，契約の一方当事者があらかじめ用意しておく契約条項）についての規定を持っていなかったが，改正法は，その中でさらに「定型取引」（ある特定の者が不特定多数の者を相手方として行う取引で，その内容の全部または一部が画一的であることがその双方にとって合理的なもの）という概念を立てて，「定型約款」についての規定を置いた（548条の２以下）。定型約款がどのように契約に組み込めるかとか，約款制定側が些細な変更は相手方（消費者側）の個別の承諾なしに行えることなどを規定している。ただし制定に当たって反対論も多かったもので，評価が定まるにはなお時間が必要と思われる。

Ⅲ　契約各論の重点学習

1　売買契約

⑴　総　　説

それでは，以下には民法の定める典型契約のうち重要なものを見ていこう。もう度々触れているが，売買は代表的な有償・双務・諾成の契約で，民法559条は，売買契約に関する規定が，基本的に他の有償契約に準用されることを規定している。なお，民法は，売買契約その他の成立について，契約書の作成を義務づけてはいない。したがって，民法上はどんな高額の売買でも，契約書なしで合意だけで成立しうる。しかし，買主が消費者だったり，契約金額が非常に大きくなるものであったりした場合には，特別法で契約書の作成が義務づけられたりしているものもある（特定商取引法や宅地建物取引業法など。⇒後述11参照）。

(2)　売買の予約

「これを買う」「売る」という売買契約を予約することもできる。予約もまた契約であるので，拘束力があり，本契約の申込みをされた相手方は，それに承諾をしなければならない。もし相手が勝手な理由で承諾を拒めば，承諾の意思表示に代わる判決を得ることもできる。しかし，もし相手が協力しなければ裁判で勝てるといっても，そんな面倒な予約ならなかなか人は利用しようとしないだろう。そこで民法は，最も頻繁に行われる売買契約について，いったん予約したら，本契約にすると一方が申し出るだけで相手方の再度の承諾を得ずに契約が成立する，という規定を置いた（556条①項）。専門用語では「予約の内容通り本契約をします」ということを「予約を完結する」といい，完結できる（本契約に移行させる権限のある）側の当事者を「**予約完結権者**」という。

(3)　手　　付

手付〔てつけ〕とは，売買などで契約成立のときに交付される金銭等をいう。たとえば，100万円の品物を買うのに10万円だけ先に「手付」として渡す（手付を打つともいう）というような場合であるが，問題はその機能である。この手付の性質について，起草者は，わが国の昔からの慣行を考慮して，これを「**解約手付**」とみるとした。買主が売主に手付を交付したときは，相手方が契約の履行に着手するまでは，買主はその手付を放棄し，売主はその倍額を償還することによって，契約の解除をすることができるというのである（557条①項。この場合は手付額の処理だけで契約関係をなくす手続とするのであるから，それ以外の損害賠償請求は認められない)。つまり解約手付というのは，気が向かなくなったというような勝手な理由でも，手付流しまたは手付倍返しをして契約を解除できる，という，約定解除権を当事者が留保したという働きをするわけである（契約当事者の間で合意によって解除権の発生する場合を定めることはできる。540条①項)。けれども，これはもちろん任意規定であるから，他の性質の手付（一方が債務を履行しないと相手方に手付を没収されるという違約手付など）を打つことも可能である。ただし判例は，他の性質の手付であることが明瞭にわからなければ解約手付と推定するとしている（ちなみに，どんな手付でも，証約手付といって，最低限契約成立の証拠となる機能は持っている)。

⑷　担 保 責 任

①　**総説**　　売買は品物と金銭の等価的な交換の契約であるから，その等価性あるいは当事者の公平の配慮から，民法ではこれまでは，売主の担保責任の規定がさまざまな角度から置かれていた。つまり，目的物に瑕疵（キズ）があったり，数が足りなかったり，ついているはずの権利がなかったり，逆に目的物に他人の権利が乗っていたり，などという場合に，売主にそれなりの担保責任を負わせて，契約の解除や損害賠償というペナルティを負わせるものである。しかし2017年改正では，この法定的な担保責任の規定を撤廃し，売主は契約の内容に適合した権利の移転・引渡しをなすべき義務を負うということを前提にして，**契約不適合責任**とでもいうべきものを採用するに至った。

基本的な構成は，「瑕疵」という概念を捨てて，従来の物の瑕疵に関する担保責任も，権利の瑕疵に関する担保責任も，すべて統一的な契約不適合責任にまとめ，不適合の場合には買主に①追完請求権，②代金減額請求権，③損害賠償請求権，④解除権を認めるというものである。そして，目的物に関する権利についての瑕疵も同様ということは，目的物の権利の一部が他人に属する場合もこの契約不適合責任の対象になるが，権利の全部が他人に属する場合（全部他人物）で売主がその権利の全部を移転しないときは，契約不適合の問題ではなく，債務不履行の一般規定の問題となるとされている。

さらに，改正法は，これまでの担保責任の概念では，瑕疵について「隠れた」（ちょっと見たところでは気が付かない）という概念を入れていたのを排除し，また瑕疵についての買主の善意・悪意という主観的要件による規律についても排斥している。

②　**他人物売買**　　上に挙げた例からもわかるように，日本民法では全くの他人の所有物でも，それを目的として売買契約をすることが可能である。つまり，Ａの物をＢが勝手にＣに売ることは契約としては有効なのである（他人物売買という）。もちろんその場合，ＢはＡから所有権を得てそれをＣに移転することが義務づけられ（561条），それができなければ債務不履行として契約の解除および損害賠償の責任を負うことになる。

③　**契約不適合を理由とする追完請求権**　　契約不適合一般についての統一的な救済手段として，新たに，買主の追完請求権の規定が設けられた（562条）。引き渡された目的物が，種類，品質，または数量に関して契約の内容に適合しないものであるときは，目的物の修補，代替物の引渡し，不足分の引渡しによる履行の追完（後から完全にすること）を求める権利が買主にあることが明定されたのである。

なお，その契約不適合が買主の責めに帰すべき事由によるものであるときは，この追完請求をすることはできない。

④　**契約不適合を理由とする代金減額請求権**　　追完請求権を持つ買主が，相当の期間を定めて履行の追完の催告をし，その期間内に履行の追完がないときは，買主は，その不適合の程度に応じて代金の減額を請求できる（563条①項）。さらに，履行の追完が不能であるときや，売主が履行の追完を明確に拒絶したとき，また契約の性質または当事者の意思表示によって，特定の日時または一定の期間内に履行をしなければ契約の目的を達成できない場合（たとえば既に解除のところで述べた，披露宴の料理の注文など，いわゆる定期行為の場合）も，催告なしにただちに代金の減額を請求できる（同条②項）。

⑤　**買主の損害賠償請求権と解除権**　　追完請求権と代金減額請求権を持つ買主は，債務不履行の一般規定による損害賠償請求権を行使すること（415条）も，解除権（541条，542条）を行使することもできる（564条）。

⑥　**契約不適合責任追及の期間制限**　　買主の契約不適合責任の追及は，買主がその不適合を知った時から１年以内にそれを売主に通知しないと，買主はその不適合を理由とする追完請求，代金減額請求，損害賠償請求および解除をすることができなくなる。ただし，売主がその引渡しの時にその不適合を知っていた場合，または重大な過失で知らなかった場合は，その限りではない（つまり１年経っても請求できる）。

2　贈与契約

(1)　総　　説

贈与は代表的な無償・片務の契約である。民法はこれも諾成契約にしているが，贈与のような贈与する側が一方的に損をするこういう無償契約は，本当はうっかり契約しないようにという趣旨で要物ないし要式契約にする例が外国では多い。そこで日本民法は，諾成契約にはしたが，一方で書面によらない口約束の贈与は，成立はするが履行に取りかかる前ならば解除することができる（550条）と規定した（2017年改正前の民法では，「撤回」と表現されていた）。なお，贈与契約の場合は贈与者は基本的には目的物に瑕疵があった場合も担保責任を負わず，ただ，贈与者がキズ物だと知っていながらそれを黙って贈与したような場合だけ，信頼をさせた分の担保責任を負うことが規定されていたが，改正法では，前述の売買のところで担保責任構成を排斥したため，ここも，贈与者の引渡義務として，「贈与者は，贈与の目的である物又は権利を，贈与の目的として特定した時の状態で引き渡し，又は移転することを約したものと推定する」（改正法551条①項）という規定に改めている。

(2)　特殊の贈与

①　**負担付贈与**　　無償の贈与契約といえることには変わりがないのだが，受贈者も何らかの給付を負担するという契約を負担付贈与という。たとえば「一億円相当の土地を贈与するから，これから毎年，先祖の墓の掃除と法事を行え」というような場合である。この場合

は，その負担の限度では対価のある双務（有償）契約と同様であるとみて，負担の限度で贈与者は売買における売主と同じ担保責任を負うと定め（551条②項。ここでは「担保の責任」という表現を残している），また双務契約の規定が適用されるとした（553条）。

② **死因贈与**　贈与者の死亡を原因とする贈与を死因贈与という。たとえば，「私が死んだらこの土地を君にやる」「いただきます」というように，贈与者が生前に行う契約である。これに似たもので，贈与者が自分の遺言の中で「この土地を誰々に贈与する」と書いておく遺贈というやり方がある（⇨第**9**章Ⅱ 4(2)参照）。こちらは相手方は知らない一方的な意思表示で贈与の効果を発生させる単独行為である。死因贈与と遺贈はこのように法的性質は異なるもののその機能はかなり類似しているので，民法は死因贈与は，その性質に反しない限り遺贈に関する規定を準用する（554条）と規定した。ただ，そうすると，遺贈は遺言によるものだから，遺言の規定により（死者の最終の意思を生かすということから）何度も書き換えたりすることができる（1022条）。死因贈与は相手のある契約なので，相手は贈与を受けられることを信頼してしまうわけだが，判例・通説は，死因贈与契約は贈与者が撤回等を自由にしてよいとしている。しかしこの点，たとえば死因贈与が負担付であった場合（**負担付死因贈与契約**）では，負担が先にすべて履行されている場合であれば，撤回は原則としてできないという判例がある（「君が定年退職まで毎年生活費を補助してくれれば，私が死んだらこの山をやる」という契約で，退職するまで生活費を約束通り補助し終えた場合は，死因贈与をひっこめてはいけないということである）。

3　賃貸借契約

(1)　総　　説

対価を払って物を借りる契約が賃貸借である。これも双務・有償・諾成の契約だが（601条），売買のように一回的に終わる契約ではなく，一定期間継続する契約であることと，賃借権には給付を請求する権利の部分以外に，目的物の利用権の要素があるため，その点では債権といっても物権的な要素も含むことが特徴的である。その意味で不動産の賃借権は登記ができ，登記すると所有者が代わっても賃借権を対抗できるという保護規定が作られたのだが（605条），実際にはこの規定は貸主が登記に協力しないのでほとんど機能していない（これは別の特別法によって保護をはかっている）。また賃借権は，物権である地上権（⇨第3章Ⅰ3(3)）と異なり，賃借人が自由に譲渡・転貸することは認められておらず，譲渡・転貸には賃貸人の承諾を要する（612条①項）。もし無断で譲渡・転貸すると賃貸人は契約を解除できる（同条②項）。しかしこの規定が賃貸人によって濫用されるのを防ぐために，判例は，解除のできる場合を賃貸人と賃借人の間の信頼関係を損なうような無断譲渡・転貸のあった場合に制限している（**信頼関係破壊の法理**とか**背信性理論**などと呼ばれる）。なお賃貸借のような継続的契約の場合には，解除は，その時点から将来に向かって契約の効力がなくなるだけで，遡及効を持つものではない。

(2)　賃借人の義務と賃貸人の義務

賃借人は，利用の対価としての賃料を支払う義務と，目的物を用法に従って利用し，契約終了時には目的物を返還する義務を負う。賃貸人は，その間，目的物を契約の本旨に従った使用・収益が可能な状態で貸し続ける義務を負うので，たとえば目的家屋が雨漏りするという場合には，賃貸人に修繕義務がある（606条）。もしこの修繕を賃借人がして費用を支出したという場合は，賃貸人の負担すべき必要費ということで，直ちに賃貸人に償還を請求できる（608条①項。もしそれが必要費を超えてたとえば家屋を改良したような有益費にあたり，しかも賃貸借終了時までその利益が現存しているという場合は，賃借人はその契約終了時に償還請求ができる。同条②項）。

⑶　借地人・借家人の保護

アパートを借りたり居住のための土地を借りたりするのも賃貸借だが，民法の賃貸借の規定では，賃料を払って物を借りる契約全般を対象としていることもあり，期間の点などで住むための家や土地を借りる借主には不利な点が多く，そのために大正10年に借地法と借家法という特別法ができ，建物の所有を目的とする地上権と賃借権については借地法が，建物の賃貸借については借家法が，まず適用されるようになった。これらの特別法はさらに改正されて借地人・借家人がかなり厚く保護されるようになり，また第二次世界大戦後の住宅難などの社会状況を反映して，判例法理も貸す側が契約解除をしにくくなる方向に進展した。

ただ，それらの動きによって，今度は，貸す側としては，よほど自分が使う必要があるなどの正当事由がないと，契約を終了させることが難しくなり，近年は貸す側に不利になり過ぎたとの声も上がるようになった。そこで，平成3年にできた新しい**借地借家法**は，その点を考慮して，当事者が50年以上の期間を設定してその期間が満了すれば完全に借りた側の権利がゼロになって終了し，更新もされないという**定期借地権**（借地借家法22条）など，一部に貸す側の利益も配慮した制度を加えた立法になっている。ただ，この新法は，新法制定後の借地・借家契約について適用されるので，それ以前からの契約については，そのまま旧借地法・旧借家法が適用になる。

具体的に民法の規定と借地借家法の規定を比較してみると，①契約の期間については，民法では（トラックの賃貸借などさまざまなものを想定していることもあり），最長期を20年に制限し，それより長い契約は20年に短縮されるとしていたが，2017年の改正で20年を50年に伸長した（604条①項）。これに対して借地借家法では，借地権については，存続期間を30年とし，当事者が契約でこれより長い期間を定めたときにはその期間とすると規定している（借地借家法3条）。借家については，最長期については特に制約がなく長い期間の契約もでき，短いほうでは，期間を1年未満とする建物賃貸借は，期間の定めのないものとみなされる（借地借家法29条①項），これらの期間の更新についても，借地借家法はさまざまな借主に有利な規定を置いている。②当事者が契約期間を定めなかった場合には，民法ではいつでも解約を申し入れることができ，解約を申し入れると土地の場合は1年後，建物の場合は3カ月後に契約終了となる（617条①項）。借地借家法では，借地については当事者が期間を定めなくても法が30年とするし，借家については，まず賃貸人からの解約申入れには，自らが使用する必要があるなどの正当事由が必要とされ（借地借家法28条），かつ申入れの6

カ月経過後に契約終了となる。

4　使用貸借契約

これは賃貸借のように反対給付としての賃料を取らない，ただ貸しの契約である。そうするとこの場合は，目的物をただで利用できる借主が一方的に利益を得ることになる。したがってこのような無償・片務の契約の場合は，口で約束しただけではだめで，目的物を実際に貸し渡したところで成立するという，要物契約とされていた。しかし現代社会では親族間の情誼的な契約だけでなく経済的な取引の一環として行われることも多くなってきたので、合意だけで成立する諾成契約に変更された（593条）。使用貸借では，担保責任（引渡義務）は贈与の規定を準用し（596条），契約期間を定めておかなかった場合は，借主には目的を達成したらすぐ返却することが義務付けられるなど，一方的に不利益になる貸主の側を保護する規定が置かれている。

5　消費貸借契約

消費貸借というのは，借りた物は使ってしまって，同種同等同量のものを返す契約である。つまり，隣の家からお米を借りて食べて，あとで別のお米を返す場合とか，お金を借りて返す場合がこれにあたる。銀行ローンなどというのはこの金銭消費貸借契約ということになる。民法は本来の同種同等同量のものを返すつまり無利息の消費貸借（無償契約）については要物契約として規定しているが（587条），従来から銀行ローンのように利息付きの契約（有償契約）ならば，諾成契約とする解釈も可能ではないかと考えられてきた。この点2017年改正では，新たに，（有償か無償かの区別ではなく）書面でする消費貸借契約については要物性を不要とした（すなわち，要式・諾成の契約となる。587条の2①項）。

なお利息付金銭消費貸借の利率については，利息制限法による最高利率の制限があり，それを超えた分の利息の約定は無効になる（制限内の分の利息は有効）。ちなみに貸金業登録業者のする金銭消費貸借は，貸金業規制法によって利息制限法よりも高い利率が実質的に認められていたが（グレーゾーンと呼ばれていた），2010年施行の法改正によってそのようなことはなくなった。

6　請負契約

(1)　総　説

大工さんに家を建ててもらうなどの契約が請負である。この請負の場合には，ただの労働力の提供ではなく，一定の仕事の完成が契約の目的になっているのが特徴である。その仕事の完成に報酬を払う，双務・有償・諾成の契約である。報酬の支払いは，仕事の目的物の引渡しと同時履行の関係に立つ（633条）。請負でいう仕事には，演奏家の演奏なども含まれるが，そのような引渡しのない仕事の場合は，報酬は仕事を終えた後払いになる（633条ただし書）。ただ，2017年改正法では，仕事の途中で注文者の責任のない理由で継続できなくなったような場合で，請負人が一部の可分の給付をして，注文者がそれによって何らかの利益を受けるときには，その部分を仕事の完成とみなして，一部の報酬の請求ができるようにした（634条）。また，建築等の請負を想定して，解除の仕方や担保責任について，一部に請負特有の規定が置かれている（建築業界で作った標準契約書などが使われている場合はそのルールによる）。

⑵　担保責任

請負人は，完成して引き渡した仕事の目的物に瑕疵のある場合（たとえば，建てた家が雨漏りするなどの場合），担保責任を負うが，これまでは請負特有の担保責任の規定が広く置かれていたのに対し，2017年改正法では，基本的には売買の契約不適合責任の規定が準用され，一部にのみ請負特有の制限規定を置くことになった。つまり，注文者に引き渡された目的物に契約不適合があった場合でも，それが注文者の提供した材料の性質または注文者の与えた指図によって生じた不具合によるものだった場合には，注文者は追完（修補）請求や報酬減額請求，損害賠償請求等をすることができなくなるのである（ただし請負人がその材料や指図が不適当であることを知っていて注文者に告げなかったときは，この限りでない。636条。）なおこの規定自体は改正前からあるルールであり，その他の請負特有の規定の多くが改正によって削除され，売買に近づけられたわけである。

⑶　解　　　除

請負に特有の解除権として，注文者は，仕事未完成の間は，いつでも請負人の損害を賠償して契約を解除することができる（641条）。注文後に不要になったケースを考えてのことだが，請負人に発生する損害を賠償するのならかまわないのは当然である。

7　委任契約

⑴　総　　説

委任契約は，人に依頼して何かしてもらう契約で，そのしてもらう内容は，契約を結んでもらうなどの法律行為でも，ベビーシッターをしてもらうというような事実行為でもよい。諾成契約だが当事者の合意で有償にしても無償にしてもいい（諾成契約なのでいわゆる委任状の作成は契約の成立要件ではない）。委任は原則として受任者本人が自ら受任義務を行うべきなので，受任者は善良な管理者の注意義務（**善管注意義務**）をもって業務を遂行しなければならない（644条）。

委任契約は，当事者の信頼関係を基礎として考えられており，原則として委任者が途中で解除することも可能だが，その場合も受任者はそこまでの費用や報酬の請求はできる（648条③項）。

なお，わが民法においては委任と代理（⇒第2章Ⅲ４）は別のものであり，受任者が代理人になる場合もあるがそうでない場合もある。

ちなみに，既に述べた任意後見法に基づく任意後見契約（⇒第2章Ⅲ２⑶③）は，本人が任意後見人に対し，精神上の障害により判断能力が不十分な状況における自己の生活や財産の管理事務について代理権を付与する委任契約である。したがって特別法たる任意後見法に規定のない部分は，民法の委任契約の規定が適用になる。

⑵　委任者の義務（受任者の権利）

受任者が委任事務を処理するのに必要と認めるべき費用を支出したときは，それを委任者に請求できるし（650条①項。また前払いも請求できる。649条），同じく受任者が委任事務を処理するために委任者に代わって債務を負ったというときは，委任者にそれを代わって弁済させることもできる（同条②項）。もう一つ，受任者が委任事務を処理するために自己に過失なく損害を受けたというときは，委任者に対して損害賠償を請求できる（同条③項）。これは，賠償義務を負う委任者のほうからみれば，無過失責任である。ただし，ここで委任事務を処理するため負った損害というのは，たとえば伝染病患者の看護を受任して病気をうつされたというように，委任事務全体が危険なものをいい，契約締結を依頼されて相手先に行く途中で交通事故にあって怪我をしたというのは含まれない。

8　寄託契約

物を保管してもらう契約が寄託契約である。この契約は，2017年改正までは，当事者の一方が相手方のために保管することを約してある物を受け取ることによって効力を生じる要物契約とされていたが，改正によって諾成契約（合意だけで成立する）に変えられた（657条）。預ける人を寄託者，預かる人を受寄者と呼ぶ。寄託には無償寄託と有償寄託があり，無償の寄託者の注意義務は，受寄物の保管につき「自己の財産に対するのと同一の注意」をする責任を負うとされる（659条）。これは委任などの善管注意義務（善良な管理者の注意義務）よりも低いレベルの注意でよいということである（有償寄託の場合はもちろん善管注意義務が要求される）。

9　組合契約

組合契約とは，団体を形成する契約の一つで，各当事者が出資をして共同の事業を営むことを約することで効力を生ずるものである(667条①項)。ここで出資というのは，資金の提供に限らず，労務を提供することでもよい（同条②項)。ただなんらかの共同の事業を営むことが必要である。

組合の一つの特徴は，出し合ったり共同で取得したりした組合財産の共同所有の形態にある。条文は，各組合員の出資その他の組合財産は「総組合員の共有に属する」とするが（668条)，有力な学説は，組合の共有形態を「合有」と呼ぶ。これは，いわゆる狭義の共有なら，各共有者の持分の割合というものがあり，それだけを分割請求したりもできるのだが，組合の場合は，各組合員には計算上の持分があるだけで，それだけを分割請求したりはできず，すべてが組合全体のものになるなどという特徴を持つからである。組合が誰かと取引して債権を持ったという場合も同様に，組合員全員で請求する形になる（1人だけで持分の分だけ回収するなどということはできない)。

10　その他の典型契約

民法が規定するその他の典型契約としては，金銭以外の物と物との所有権を交換する交換契約（586条。物と金銭の交換である売買に準じて考えればよい)，人を雇って労務に服させる雇用契約（623条。今日では，一般の会社などの雇用契約は，労働基準法などの特別法によって規律されるので，民法の規定は家事使用人の契約などだけを対象とすることになり，重要性は少なくなった)，当事者の一方が，相手方または第三者に対して，当事者の誰かが死亡するまで定期に金銭その他の物を給付することを約する終身定期金契約（689条。たとえば最初に原資となる金銭や株券などを受け取って，一定の金額を受取人の死亡時まで支払い続けるなどというもの。わが国ではあまり行われていない)，当事者が互いに譲歩して争いを止める契約をする和解契約（695条）がある。和解は，当事者同士で任意に契約する場合もあれば，裁判官の助力によって裁判上でなす場合もある（なお，和解に似た一般の用語で示談というものがある。これは，もちろん和解契約そのものを意味することもあるが，和解が双方の譲歩を内容とするのに対し，示談という場合には，当事者の一方だけが主張を放棄したりして（裁判外で）紛争を終了させることも含まれる)。

11　消費者保護とクーリング・オフ

⑴　クーリング・オフの制度

当事者は契約を結んだ以上は，信義誠実の原則に従って債務を履行しなければならず，解約手付でもない限り，勝手にこれをやめるわけにはいかない。けれども，いわゆる悪徳商法やセールスマンの甘言に乗せられて，消費者がついうっかりと契約をしてしまうこともある。もちろん，詐欺や錯誤があれば，意思表示を取り消すことができるし，相手方に債務不履行があれば契約を解除することもできるのだが，セールスマンの言葉やその場の雰囲気に誘われて，というだけでは（結局自分の判断で契約しているので）詐欺や錯誤が成立しない場合も多いし，相手方は約束通りの品物を用意したり渡しずみであるというのであれば債務不履行による解除もできない。このような場合に，民法規定では保護されない消費者を特別に保護して，一定期間は，熟慮して契約から脱退する機会を与えるのが，いくつかの特別法に規定されるクーリング・オフの制度である。

この制度は**特定商取引法**（旧訪問販売法）や**割賦**〔かっぷ〕**販売法**，**宅地建物取引業法**などに規定される。これらの法律では，業者に契約の際に書面を交付することなどを義務づけ，購入者は，契約書の交付を受けた日から一定期間（訪問販売で買った品物ならば8日間）は書面によるクーリング・オフ（法文上は申込の撤回または契約の解除）ができることを定めている（ただしクーリング・オフができるのは特別法の規定のある場合だけである）。

(2)　消費者契約法の成立

上に掲げた特定商取引法など，個別業種を対象にした規制などでは，消費者の保護は必ずしも十分には果たせない。そこで，不当な商品・サービスの売買・供給契約や，悪質な販売方法から消費者を守る一般的な法の整備が望まれ，2000年4月に**消費者契約法**が成立し，2001年4月に施行された（施行後に成立した契約から適用される）。この法律によって，重要事項について虚偽の説明を受けたり，値上がりなど不確実な事項について断定的な説明を受けたり，自宅に居座られたり（不退去）営業所から帰してもらえなかったり（監禁）して締結された契約は，取り消すことができる（これは民法の詐欺・強迫には至らない場合でも認められる取消権ということになる）。また，消費者が一方的に不利な扱いを受ける契約条項（「いかなる場合でも一切責任を負わない」等）は無効とされる。

株式会社 税務経理協会　おすすめ書籍のご案内
2020.10

忖度と国際化時代の粉飾

井端 和男 著

業績第一主義の経営者に対する忖度によって粉飾が発生するケースや、国際化に伴う海外子会社での事例を紹介。発見のための分析法も詳解。

6752-6　2020/10発売　A5判並製 256頁 3,190円

ウェルス・マネジメントの法務・税務

小山　浩・飯島 隆博・間所 光洋 著

裕層ニーズの把握のための分析手法から、資
の運用・管理・保全・承継の実務、プラン実
後の対応までを丁寧に解説する。

6695-6　2020/11発売　A5判並製 544頁 4,620円

月刊　［毎月10日発売］

税経通信

情報を読み解くための多様な視座を提供する

1946年創刊。旬な問題を的確に捉え、各分野の専門家による税務実務と税務会計戦略の解説を掲載する専門雑誌。

標準定価　2,970円

年間購読料 36,000円（臨時号も付いてお得）

※　デジタル版も好評配信中（kindle, 他）

61-0033　東京都新宿区下落合2-5-13
03-3953-3325 ／ FAX 03-3565-3391
http://www.zeikei.co.jp

価格は10%税込定価です

採択されやすい事業計画書が書ける！

中小企業・支援者のための　ものづくり補助金申請ガイドブッ

事業計画書記載のコツなど採択されるためのノウハウを大公開。申請準
～採択後の事業化段階まで網羅。令和２年度改正対応版！

大西 俊太 著　　6714-4　2020/8発売　A5判並製 200頁 2,640

税理士が提案できる家族信託

－検討・設計・運営の基礎実務－

税理士実務の目線で、家族信託の検討・設計・運営の進め方を解説。相続のプラン提案の幅を広げる。　6692-5

成田 一正・石脇 俊司 著　2020/6発売 A5判並製 168頁 2,530円

税理士のための

財産の洗い出しに係る相続人へのヒアリング

相続案件において難易度の高い相続財産の洗い出しにつき、相続人のタ
プ、財産の種類別にヒアリングの手法等を解説。

後藤 勇輝 著　　6723-6　2020/8発売　A5判並製 152頁 2,420

税理士のための

個人事業者・フリーランスの税務調査　－実例&対応ガイド

個人事業者・フリーランスの税務調査全体の流れと、著者の実際の経験
基にした調査官が重点的にみるポイントと対応について解説。

内田　敦 著　　6673-4　2020/2発売　四六判並製 176頁 1,870

調査の現場から見た

国際資産課税の実務

海外資産と国際相続の課税実務をリアルな税務調査の
から国際税務の最前線にいた元国税調査官が解説。

安永 淳晴 著　6742-7　2020/9発売　A5判並製 202頁 2,42

゙ループ・ガバナンスの実践と強化

ループ・ガバナンス実践に向けて実務指針を読み解きなが
有効に進めるための実務書。具体的な推進方法について
ースを交え解説。

田 英司 著　6661-1 2020/3発売 A5判並製 244頁 3,080円

計基準の考え方〔改訂版〕
~学生と語る23日~

計基準の重要なテーマを教授と学生の対話形式で解説。各基準設定の目
や問題点を詳らかにし、基準の全体像の把握に役立つ。

川 郁生 著　6730-4　2020/6発売　A5判並製 236頁 2,970円

ガEPA時代の貿易と関税の基礎知識

易実務、わが国の関税、EPAの原産地基準の基礎を解説
た書。貿易業の従事者、税理士などの士業での知識を必
とする者に最適。

山 立志 著　6745-8 2020/10発売 A5判並製 308頁 3,740円

ャリアアップを目指す人のための
経理・財務」実務マニュアル〔新版〕

理業務の教科書的な内容。「業務の流れ」、「会計上のポイント」、「税務
のポイント」、「内部統制上のポイント」の４つの視点から解説。経理・
務スキルスタンダードに完全準拠。

田　正 監修／青山隆治・馬場一徳・奥秋慎祐　著

上巻：6588-1　2018/12発売　A5判並製 388頁 3,520円
下巻：6589-8　2018/12発売　A5判並製 380頁 3,520円

ッセンス
翻訳した

英語版『Introduction to Japanese "Accounting and Finance" Practices』
6503-4　2017/12発売　A5判並製 146頁 2,200円

中国語版『会计师以及首席财务官的综合手册』
6658-1　2020/2発売　A5判並製 148頁 2,200円

第５章　債権法⑵—不法行為法

Ⅰ　契約以外の債権発生原因

第4章に述べたとおり，債権各論の部分は，四つの債権発生原因について規定している。その中の最大のものが契約であるが，それに続いて事務管理，不当利得，不法行為が規定されている。この中では事務管理と不当利得はいわば例外的な債権発生原因であり，不法行為が契約に次いで重要である。ここでは，条文の順序は前後するが，重要度の高い不法行為から説明しよう。

Ⅱ　不法行為の重点学習

1　不法行為とは

不法行為というのは，故意または過失によって他人に違法に損害を与えた場合，その損害の賠償をさせる制度で，被害者には加害者に対する損害賠償請求権が発生することになる。民法709条は，「故意又は過失によって他人の権利又は法律上保護される利益を侵害した者は，これによって生じた損害を賠償する責任を負う」と規定している（⇨ Key word 責任を負う）。2004年改正までの条文の表現では「他人の権利を侵害したる」となっていて，古くは，権利と言えないものを侵害したら不法行為にはならないのか，ということが問題になった。現在ではこの点は，「違法に他人に損害を与える」という意味と解釈されており，改正ではそれを法文上明らかにする形をとった。

したがって不法行為の具体例は大変幅広く，交通事故や公害，医療過誤などのような事実的不法行為と呼ばれるものだけでなく，営業利益の侵害（顧客を奪う）とか契約の横取り（**積極的債権侵害**という）のような**取引的不法行為**もある。賠償の対象となるのは，財産的な損害ばかりでなく，精神的な損害（いわゆる**慰謝料**）も含まれる。

Key word　責任を負う（責めに任ず）

2004年改正前の709条の条文では「責ニ任ス」と書かれていたが，これは「セキ」ではなく「セメ」と読む。明治時代にできた民法典では，漢文の読み下し調の文章が使われており，送りがながなく，濁点・句読点が付されていなかった。だから「責」は「セメ」なのであり，また「・・ノ訴」とあれば「ソ」ではなく「ウッタエ」と読むのである。

2　不法行為の損害賠償の発想

ここで，不法行為の考え方について，刑法上の刑罰と比較して説明しておこう。民事上の損害賠償と刑事上の刑罰（罰金も含む）とは全く別のものである。不法行為は，加害者に対する罰として損害賠償をさせるものではない。あくまでも，損害の公平な分担ということで，加害者に，被害者に与えた損害を経済的・精神的に填補〔てんぽ〕，つまり穴埋めさせるものである。また，ある行為が刑法上の犯罪になり，同時に民法上の不法行為になることもあるが，犯罪は成り立っても不法行為にはならない場合とか，逆に犯罪にならなくても不法行為が成立する場合も当然ある。これは，不法行為の成立要件と個々の犯罪の構成要件が異なる場合があるからであり，そのことは，上に述べた制度の考え方の違いからしても，当然のことである。たとえば，車でわざと人をはねて怪我をさせた場合は，不法行為が成立し被害者から治療費や働けなかった間の逸失利益を損害賠償請求されると同時に，刑法上の傷害罪にもなるだろう。しかし，過失で相手の車に傷をつけただけという場合には，刑法上の罪には問われないが，不法行為の損害賠償は成立する，ということになろう。逆に，刑法上の罪を構成することをしても，他人に財産的・精神的に損害が発生していなければ，不法行為にはならないのである。

3　不法行為の成立要件

709条に示された一般的不法行為は，①加害者の故意・過失，②加害行為の違法性，③損害の発生，④加害行為と損害の間の因果関係，という四つの成立要件がそろって成立する。

⑴　故意・過失

ここには，民法の3大原則の一つと言われる，「**過失責任の原則**」が存在する。つまり我々は故意や過失の有無を問わずに責任を負わされるというのでは個人の活動の発展が阻害されるので，個人の活動の自由を確保するためにも故意・過失のあった場合のみ責任を負わせる，という考え方である。この考え方は基本的には今日も生きているが，取引社会が高度化し，さまざまな局面で損害が発生するようになった現代では，部分的には無過失責任の考え方も導入されてきている。なお，過失の概念については，かつては主観的に個々の加害者の心理的な不注意をいうと考えられていたが，今日では，あらかじめ予見ができて注意すれば防げたと考えられる結果について，回避する義務を怠ったという，客観的に判断できる結果回避義務違反ととらえられている。

なお，不法行為の場合，加害者に故意または過失があったことは，賠償を請求する被害者のほうで立証しなければならない（これは，契約当事者の場合と逆である。契約当事者というのはもともと信義誠実の原則に基づいて履行をする義務を持つ立場であるから，契約で債務不履行があった場合は，不履行をした債務者の故意・過失などの帰責事由は，損害賠償を請求する債権者が立証する必要はなく，債務者のほうで自分には帰責事由がなかったと立証できなければ賠償責任を免れない）。

(2)　違　法　性

第２の要件は，先に条文の表現でも触れた，権利や利益の侵害に違法性（違法な侵害行為があったこと）である。たとえば，柔道の試合でルール通りの技を掛けたら相手が怪我をした，という場合には，一般にこの違法性を欠くので不法行為にはならない。また，相手から攻撃されるのを避けるために他に手段がなく相手に怪我をさせたという，いわゆる**正当防衛**の場合も，違法性が阻却〔そきゃく〕される（720条。阻却というのは，はばまれてなくなること）。

この違法性の有無の判断が微妙な場合は，侵害された利益の種類・性質と，侵害行為の態様とを相関的に判断して決める（つまり，侵害利益が小さい場合も侵害の仕方が悪質なら違法性が強い，と判断する）というのが今日の多数説である。ただし，この違法性の要件については，最近では，故意過失とは別に考えるとする説と，結局過失判断に一元化されるという説とが対立している（たとえばXがAと結んだ契約をYが横取りして強引にAと契約するというような取引的不法行為の場合は，自由競争の範囲内と考えられるケースもあるので，違法性の判断が微妙になるが，不法行為になるというためにはYに（故意よりも強い）横取りされる相手Xを害する意思（害意）が必要という見解もある）。

(3)　損害の発生

第3の要件は損害の発生である。いくら違法な行為がなされても，相手方に損害が発生しなければ不法行為にならない。この損害は先に述べたように財産的損害と精神的損害（慰謝料）を含む。また財産的損害の中には，治療費がいくらかかったというような積極的損害と，怪我で仕事を休んで収入が得られなかったという逸失利益のような消極的損害とがある。さらに侵害される利益の中には，名誉やプライバシーなどの人格的利益も含まれる（710条）。生命侵害，つまり不法行為を受けて死亡した被害者の父母，配偶者，子については，特に慰謝料請求権が認められているが（711条），これら以外の者でも精神的損害を受けたことが立証できれば慰謝料請求権は認められると考えてよい。

(4)　因果関係

第4の要件として因果関係，つまり，その加害行為によってその損害が発生したという原因・結果の関係があることが必要である。ただ，公害などの場合は，どういう廃液がどう体内に入って発病した，などということを被害者が立証することは，かなり困難である。そこで判例では，厳密な科学的証明までは要求せず，おそらくはそうだと思われるという，蓋然性〔がいぜんせい〕の証明があれば足りるとしている。

(5) 責任能力

これは成立要件というのとは少しニュアンスが異なるが，不法行為の損害賠償責任を負うためには加害者に責任能力（不法行為責任を負うだけの能力）があることが必要である。つまりその者が，自分の行為のもたらす結果を見極められる知能ないし判断能力を備えていることが必要で，それのない者は責任無能力者として不法行為責任を免除されることになる。

民法が規定している責任無能力者は，未成年者のうちで行為の責任を弁識するに足りる知能を備えていない者（712条）と，精神上の障害により自己の行為の責任を弁識する能力を欠く状態にある者（713条）である。前者は，一人一人個別的に判断しなければならないが，大体12歳前後が一応の基準と考えられている。したがって，たとえば幼稚園児がいたずらで線路に置き石をして脱線事故を起こしても不法行為責任は問われないが，高校生が同じことをすれば，未成年でも（責任弁識能力ありとして）不法行為責任を問われる。

後者の精神上の障害により自己の行為の責任を弁識する能力を欠く者については，713条ただし書が，故意または過失によって一時的にその状態を招いたときはこの限りでないとしているので，わざと酒を飲んで泥酔して人に怪我をさせたような場合は賠償責任を免れることはできない。

そして，712条や713条によって行為者が不法行為責任を免れる場合には，誰も責任を負わなくていいというのではなく，後述のように714条によって，これらの者を監督する義務のあった者（子供ならば法定代理人たる親など）が，監督義務に違反があったとして代わって不法行為責任を負うのである。

4　不法行為の効果

(1)　金銭賠償の原則

不法行為の賠償方法は金銭賠償が原則であるが（722条①項），名誉毀損の場合には，損害賠償に代えて，または損害賠償と共に，新聞紙上の謝罪広告等，名誉を回復するのに適当な処分が判決によって命じられることもある（723条）。

(2)　損害賠償の範囲

この点については，条文上は何ら制限規定がないので，その不法行為によって発生した全損害が賠償の対象となるというのが原則である。しかし，あまりに法外な請求については排除する必要があろう（たとえば船舶の衝突沈没事故で，事故発生後短時日の間に戦争が勃発したために船舶チャーター料などが急激に高騰したというケースで，被害者の船主がその高騰した価額を基準として算定した損害賠償額を請求したような場合）。そこで，判例理論は，行為とそのような損害の発生の間に**相当因果関係**があることを必要とし，そしてそれは民法416条（第**4**章の債務不履行のところで紹介した）に現れているからそれをここにも類推適用する，という。確かに一般的に観察して相当と認め得る範囲を賠償させるという考え方自体は妥当であるが，相当因果関係という考え方は，損害賠償についての規定のしかたが日本民法と異なり，条文上の賠償範囲制限のないドイツ民法上の理論を導入したもので，この説明の仕方には疑問もあるとされている（日本では債務不履行についてはもともと416条で通常損害と特別損害を分けて制限賠償主義を採っている。したがって，ドイツでの事情を前提とした相当因果関係という用語を持ち込む必要はないという批判があるのである）。

⑶　過失相殺

交通事故などで，被害者側にも落ち度があった場合，過失相殺〔かしつそうさい〕といって，裁判所はそれを考慮して賠償額を決めることができる（722条②項）。たとえば損害が100万円でそれだけの損害の発生については被害者側にも３割方の過失があったと認定された場合には（たとえば交通事故で，運転者の前方不注意が主たる事故原因だが被害者にも急に車道に飛び出したという落ち度があったという場合など），過失割合が７対３と算定され，賠償額は70万円と判決されるわけである。

5　特殊の不法行為

⑴　総　　説

民法は，709条の一般的不法行為以外に，いくつかの特殊な不法行為を定めている。それらはいずれも成立要件において多少無過失責任的要素を持っているのが特徴である。つまり，自分のしたことではなくても，特定の関係のある者の行為について一定の範囲で自分がしたことと同様に不法行為責任を負うというようなケースである（もっとも，以下に述べるように，たとえば行為者を選任・監督する上で十分注意していたと認められれば免責される，というような一定の免責事由がついているので，どれも完全な無過失責任というわけではない)。

(2)　責任無能力者の監督者の責任

先に述べた責任無能力者のした不法行為の場合は，それらの責任無能力者の監督義務者（たとえば小学校低学年の子供であればその親など，心神喪失者ならば後見人や精神病院長など）またはその代理監督者（小学生の場合の小学校長など）が賠償責任を負う規定がある（714条①項②項)。この条文にも，監督義務を怠っていなかった場合は免責されるとの規定がついているが，この監督義務を怠っていなかったという主張は簡単には認められない。

(3)　使用者責任

715条の使用者責任は，被用者つまり自分が事業のために使っている人間のした不法行為について，被用者自身ももちろん責任を負うが，その者を使用している人あるいはその人のかわりに監督している人も一緒に責任を負うというものである。ただしこの使用者責任は使用者・監督者がその被用者の選任監督について相当の注意をしていたと認められる場合は免責されるし，被害者に賠償をした使用者や監督者は，不法行為をした被用者に求償できるという規定もある（715条③項)。ただこの求償の規定については，結局最後には被用者が全部払わされるのでは不当なケースもあるので，信義則からして全部は求償できない場合もあるというのが最近の判例・学説の考え方である。

(4)　共同不法行為

また719条は，共同不法行為といって，たとえば数人に殴りかかられてケガを負わされた場合はもちろんのこと，そのうちの誰かの拳が当たって失明したなどというときにも，その加害者が特定できずに賠償請求できないとなれば被害者の保護に欠けるので，そのようなケースではいずれも，その数人が各自連帯して責任を負う，と定めている（Ａ・Ｂ・Ｃの３人が殴ってＤが怪我をした，という場合にはＤはＡ・Ｂ・Ｃの３人の誰に対しても賠償請求ができるということである）。この考え方は，交通事故でＸ車とＹ車が衝突して通行人Ｚが巻き添えで怪我をした場合にも成り立つ（Ｘ・Ｙの共同不法行為となる）。さらに教唆者〔きょうさしゃ〕・幇助者〔ほうじょしゃ〕つまりそそのかしたり手伝ったりした者も共同行為者とみなされる（同条②項）。

(5)　動物占有者の責任

動物の占有者または占有者に代わって動物を保管する者は，その動物が他人に加えた損害を賠償する責任を負う（718条①項②項）。たとえばペットが逃げだして人を噛んで怪我をさせたという場合には，その占有者（占有者というのであるから所有者かどうかにかかわらず実際に飼っていた人）が賠償責任を負い，犬猫病院に入院していたペットが逃げだして怪我をさせたというのであれば，代理保管者としての犬猫病院長が賠償責任を負うというわけである。もっとも，このペットが逃げ出して人を噛んだのなら718条だが，持ち主が自分のペットをわざとしかけて人を噛ませたというのであれば，これは709条による持ち主自身の不法行為である。

(6) 土地工作物責任

717条は，建物や塀のような土地上の工作物についてその保存や設置に瑕疵があったために他人に損害を与えた場合（たとえばブロック塀が倒れて歩行者が怪我をしたような場合）について，三段構えの不法行為責任を認めている。つまり，工作物による不法行為の場合には，まずその工作物を一番直接に支配していた占有者（貸家なら賃借人）に損害賠償責任を認める。しかしその占有者が損害の発生を防止するのに必要な注意をしていたというときは，その損害は工作物の所有者（貸家ならその貸主たる持ち主）に負わせるのである（717条①項）。そしてさらに，他に損害の原因について責任を負うべき者がある場合（たとえばブロック塀の倒壊は，請け負った工事人の手抜き工事によるものだったというような場合）は，被害者に賠償した占有者または所有者は，その者（上の例なら請負人）に対して求償権を行使できるというのである（同条③項）。

6　不法行為に関するその他の規定

胎児は損害賠償の請求権については既に生まれたものとみなすという規定がある（721条）。たとえば夫が妊娠中の妻を残して交通事故で死亡したという場合は，妻と胎児の２人分の損害賠償を請求しうるのである。被害者の救済を考えた規定である。

なお不法行為の損害賠償請求権については，行為の時からは20年，損害および加害者を知った時からは３年という，二重の時効期間が定められている（724条）。

7　自動車損害賠償保障法

自動車による交通事故の場合は，民法の特別法である自動車損害賠償保障法（自賠法と略される）が適用になる。この法律では，「運行供用者」という概念で，自動車の保有者など，実際の運転者以外の一定の人（運転者と一致する場合も多いが）にも賠償責任を負わせている（実際の運転者はもちろん民法709条の不法行為責任を負う）。またこの法律は，強制的な損害賠償責任保険（自賠責保険などと略される）の制度を定めて，自動車の保有者に必ず加入させ，そこから賠償金が払われるようにしている。そこで自動車事故の被害者は，まずこの自賠責保険によって損害額の填補を図り，不足があればその分を民法の不法行為によって損害賠償請求していくことになる（ちなみにこの法律では，治療費等の人身損害だけを対象にし，物的損害は対象にしていないので，被害者の衣服・持ち物などの損害は民法709条で賠償請求することになる）。

8　製造物責任法

欠陥商品による被害などの場合には，1995年７月から施行された製造物責任法が適用になる（この法律は，英語の Product Liability（製造物責任）の頭文字をとってＰＬ法と一般に呼ばれることがある）。この法律は，端的にいうと，不法行為でいう「過失」の要件を，製造物の「欠陥」という概念に置き換えて，引き渡した製造物の欠陥によって他人の生命，身体または財産を侵害したときは，製造業者等は，これによって生じた損害を賠償する責任を負うとしたものである（同法３条）。ただし，その損害が当該製造物そのものについてのみ生じたときはこの法律によっては責任を負わない（3条ただし書）。もちろん，この法律は民法の特別法で民法と併存するものだから（まず特別法を使って，そこに規定のない場合は一般法としての民法を適用するという順序になる），その場合も，当該製造物それ自体の損害については，先に説明した民法上の債務不履行責任・契約不適合責任や一般不法行為責任を追及することが可能である（同法6条参照）。

このような特別法については，なぜ作られたのかを理解しておくことが大切である。たとえば，購入した電気製品が使用中に発火して室内を焼いた，という場合を考えてみよう。損害賠償の請求先として考えられるのは，販売店とメーカーである。しかし，販売店には，製品がそのような欠陥品だったことは知る由もなく，売買契約において債務不履行を問うための帰責事由がなく，また不法行為責任を問おうにも過失が認められない，ということになる可能性が大きい。そうすると，販売店に対しては，2017年改正まで認められていた（無過失でも問える）瑕疵担保責任の追及くらいしかできない。しかしこの瑕疵担保責任の場合は，（売買契約の等価性の実現のためにとくに無過失でも認めることにした責任だったのだから）通説では損害賠償はその電気製品の金額相当程度しか問えない。それではメーカーに対してはどうか。メーカーは買主の売買契約の直接の相手方ではないので，契約の債務不履行責任は追及が難しい。それでは不法行為はといえば，これは直接の契約の相手方でなくても問えるのはもちろんだが，不法行為では加害者に故意・過失のあったことを被害者が証明しなければならない。素人である消費者にとって，メーカーが製造過程でどう過失があったのかなどを証明することは大変困難である。そこで，過失では

郵 便 は が き

料金受取人払郵便

落合局承認

4302

差出有効期間
2022年８月31日

（期限後は切手をおはりください）

161－8780

東京都新宿区下落合2-5-13

㈱ 税務経理協会

社長室行

お名前	フリガナ	性別	男 · 女
		年齢	歳
ご住所	□□□-□□□□　TEL　（　　　）		
E-mail			
ご職業	1．会社経営者・役員　2．会社員　3．教員　4．公務員 5．自営業　6．自由業　7．学生　8．主婦　9．無職 10．公認会計士　11．税理士　12．行政書士　13．弁護士 14．社労士　15．その他（　　　）		
ご勤務先・学校名			
部署		役職	

記入の感想等は，匿名で書籍のＰＲ等に使用させていただくことがございます。
用許可をいただけない場合は，右の□内にレをご記入ください。　□許可しない

ご購入ありがとうございました。ぜひ、ご意見・ご感想などをお聞かせください
また、正誤表やリコール情報等をお送りさせて頂く場合もございますので、
E-mail アドレスとご購入書名をご記入ください。

この本のタイトル	

Q1　お買い上げ日　　　　　年　　　月　　　日

ご購入方法　1．書店·ネット書店で購入（書店名　　　　　　　　　　　　　　　）
2．当社から直接購入　　3．その他（　　　　　　　　　　　　　　　）

Q2　本書のご購入になった動機はなんですか？（複数回答可）

1．タイトルにひかれたから　　　2．内容にひかれたから
3．店頭で目立っていたから　　　4．著者のファンだから
5．新聞・雑誌で紹介されていたから（誌名　　　　　　　　　　　　　　　）
6．人から薦められたから　　7．その他（　　　　　　　　　　　　　　　）

Q3　本書をお読み頂いてのご意見・ご感想をお聞かせください。

Q4　ご興味のある分野をお聞かせください。

1．税務　　　　2．会計・経理　　　　3．経営・マーケティング
4．経済・金融　　5．株式・資産運用　　6．法律・法務
7．情報·コンピュータ　　8．その他（

Q5　カバーやデザイン、値段についてお聞かせください

①タイトル	1良い	2目立つ	3普通	4悪い
②カバーデザイン	1良い	2目立つ	3普通	4悪い
③本文レイアウト	1良い	2目立つ	3普通	4悪い
④値段	1安い	2普通	3高い	

Q6　今後、どのようなテーマ・内容の本をお読みになりたいですか？

ご回答いただいた情報は、弊社発売の刊行物やサービスのご案内と今後の出版企画立案の参考のみ
に使用し、他のいかなる目的にも利用いたしません。なお、皆様より頂いた個人情報は、弊社のプ
ライバシーポリシーに則り細心の注意を払い管理し、第三者への提供、開示等は一切いたしません

なく「欠陥」を立証すればメーカーに対して責任を追及できるという製造物責任法を作ったのである。「欠陥」の定義は,「当該製造物が通常有すべき安全性を欠いていること」(2条②項) とされているので,通常の使い方で火を吹いたテレビなどを考えた場合, 欠陥の立証は過失の立証よりもかなり容易になると考えられる。

なお, この法律で「製造業者等」とされる者は, 当該製造物を業として製造, 加工または輸入した者をはじめ,(たとえ自分で製造していなくても) 自ら製造業者としてその製造物に氏名, 商号, 商標その他の表示をした者など (2条③項) が含まれる。

ただ, どんなに高度な技術でもわからなかった欠陥によって生じた被害まで賠償の対象になるのでは製造者側にも酷になるので, この法律では,「開発危険の抗弁」といって, その製造物が引き渡された時点における科学技術によっては欠陥の認識ができなかったということを製造業者等が証明すれば, 賠償責任を免れることにしている (4条1号)。

Ⅲ　事務管理と不当利得の重点学習

1　事務管理

(1) 意　義

三つめの債権発生原因が, 事務管理というものである。これは, 言葉を聞いただけでは見当がつかないが, 頼まれていないのに他人のために何かその他人の利益になることをしてやったケースを考えてほしい。第4章で主要な契約について述べたときに触れたように，人に依頼して何かしてもらう合意が成立していれば，これは委任契約で，この場合は，もちろん契約であるから，かかった費用の請求もできるし，当事者が報酬を合意しておけばその報酬の請求権も発生する。しかしながら，たとえば，隣家が一家で旅行中に台風が来て，隣家の垣根が壊れてしまった。物騒だし危険なので，善かれと思って，何も留守中のことを頼まれてはいないのだけれど，自分で直してやった，という例を考えてみよう。頼まれていないのだから委任等の契約はない。けれど，こういうケースについて法が何の評価もしないことになると，逆に他人の財産に勝手に干渉したということで不法行為になってしまう場合もあり，社会の中で相互扶助ということは行われなくなってしまうであろう。そこで民法は，こういう場合には，報酬は請求できないが，かかった費用（本人にとって有益だった費用）だけは返還請求ができることにした。これが事務管理（697条以下）である。

(2)　成立要件と効果

したがって事務管理が成立するためには，行為の時に少なくとも本人（してもらう側の人）の意思と利益に反することが明らかでないことが必要である。そして，事務管理と認められる場合には，行為の違法性は阻却され，適法な行為となり，管理者には本人にとって有益な費用の償還請求権が発生することになる（702条①項）。この場合，管理者が費用を払っていれば本人に償還請求するわけであるが，管理者が債務を負っただけの場合（たとえば隣家の垣根を直すのに庭師を呼び，費用はまだ払っていない）には，それが有益な費用であったのなら，委任契約の場合と同様に，本人に代わって支払うよう請求することもできる（702条②項による650条②項の準用）。

なお，管理者は，管理を始めた以上は，委任契約の受任者と同様に，善良な管理者の注意義務をもって，最も本人の利益に適合する方法によってその管理に当たらなければならない（697条①項）。もっとも，管理者が本人の急迫の危険を救うために事務管理をした場合には，悪意または重過失がなければ，それによって生じた損害を賠償する責任を負わない（つまり，おぼれている人を助けた時にその人の洋服を破いても，破く必要がないのを知りつつわざとしたなどというのでなければ，責任を負わない）。これを**緊急事務管理**という（698条）。

2　不当利得

(1)　意　　義

四つめの債権発生原因は，不当利得である。これは，法律上の原因なしに利得をした場合，つまりたとえば他人に支払われるべき金銭がまちがって自分の銀行口座に振り込まれた，というような場合である。この場合は，不当利得として，真の権利者から返還請求を受けることになる。

ただ，この不当利得の場合は，返還請求権の範囲が，利得者の善意悪意によって異なる。善意者，つまり利得した者が自分が受け取るべきものでないと知らずに利得した場合は，現存利益といって，現にその利益の存在する限度で返還すればよいが（703条），自分の受け取るべきものでないと知っていた悪意の利得者の場合は，受けた利益全部に利息を付けて返還し，さらに真の権利者に損害が発生していたらその賠償もしなければならない（704条）。

(2) 成立要件

不当利得が成立するためには，①受益の発生，②損失の発生，③受益の発生と損失の発生の間の関連性（利得を発生させたその事実によって損失が発生していること），④受益に法律上の原因がないこと，が必要である。したがって，受益があっても誰も損失をしていなければ不当利得にはならない（もちろんこの場合の損失には，財産が実際に減ったということだけでなく，その不当利得がなければもっと財産が増えていたはずだという，財産の不増加も含む）。また，不当利得は受益と損失の小さいほうで制限されるから，ある人の損失は50万円で，受益者の利得額が（受益者の才覚もあって）100万円だったとすれば，不当利得の問題になるのは50万円ということになる。

(3) 効　　果

返還請求権の範囲は，前述したように利得者の善意悪意によって異なる。善意者，つまり利得した者が自分が受け取るべきものでないと知らずに利得した場合は，**現存利益**といって，現にその利益の存在する限度で返還すればよいが（703条），自分の受け取るべきものでないと知っていた悪意の利得者の場合は，受けた利益全部に利息を付けて返還し，さらに真の権利者に損害が発生していたらその賠償もしなければならない（704条）。つまり善意の受益者は，受け取ったものが品物であれば，知らずに使っていて壊れていたらその壊れたままで返せばよい。お金ならば手元にある分だけでよいということになりそうだが，生活費に充てたというのであれば，その分も利得が現存するとみなされる。

(4) 不当利得の例外

なお，法律上の原因のない利得でも例外的に不当利得返還請求ができない場合がいくつかある。その一つは，債務の不存在を知ってした弁済（**非債弁済**）といって，債務を負っていないことを知っていながらわざと弁済した場合である（705条）。またその他には，**不法原因給付**という制度がある（708条）。これは，不法の原因でした給付は返還請求ができないというもので，すでに述べた90条の公序良俗違反の法律行為の規定（⇒第***2***章Ⅲ 1(3)）と対になるものである。たとえば賭博をして負けたらお金を払う，という契約は公序良俗違反で無効だから，無効な契約からは債権債務が発生しないので，実際には負けても支払う債務はない。しかし，もし賭博をして負けてその場でお金を払い，あとになってあれは無効だから，ということで，裁判所に訴えて取り返そうとしてもこれは認められない。法は，自分で反社会的なことをしておいて不利になったから復旧を求めるという人には助力をしないのである（そうでないと，法が反社会的な行動を保護する結果になってしまう）。これが不法原因給付で，これは，イギリスなどで古くから言われていた**Clean Hands の原則**（人は汚れのない手で法廷に入らなければいけない）を規定したものとされる。

第 6 章　債権法(3)—債権総論

I　債権総論の概観

1　債権総論の内容

第4章でも述べたように，債権総論とは，債権というものの性質，効力や，その移転や消滅について規定する部分である。民法典の規定では第3編債権の第1章総則の部分がこれにあたる。民法はそこでまず債権の目的という節を置くが，ここで目的というのは，動機や意図ということではなく，債権の内容，対象という意味と考えればよい。次の債権の効力の節には，債権が持っている基本的な契約当事者間を拘束する力が破られたり破られそうになったりした場合の規定が置かれている。具体的には，債務の強制履行，債務不履行の損害賠償，そして責任財産の保全という問題が含まれる。ただし，このうち債務不履行の損害賠償については，すでに第4章で一部説明を済ませている。三番目の節が，多数当事者の債権債務関係に関するもので，ここでは債権者または債務者が複数になった場合の問題を扱う。次の節は，債権の譲渡，つまり契約による別の人への債権の移転の問題，さらに最後の節が債権の弁済などによる消滅の問題である。

2　債権の基本的な性質

すでに学んだ物権が，世間の誰に対しても主張できる排他的・絶対的な権利で，そのためにその種類を法が定めていたのに対し，特定の人が特定の人になんらかの給付を請求しうる権利である債権は，基本的にはその当事者の間だけに効力を有する，相対的な権利にすぎない（債権の相対性）。またそれだからこそ，当事者間では，公序良俗に反しない範囲で，千差万別の内容の債権を自由に作りだせるという，自由創設性を持っている。また債権は物権のような排他性を持たないし，物権における一物一権主義（一つの物には一つの物権しか成立しえない）に対応する制限もない。たとえば，Ａという歌手が，まずＢ劇場と出演契約を結び，さらにＣ劇場とも同じ日の同じ時間に出演契約を結んだとする。この場合は，両方の契約とも有効だから，Ｂ劇場がＡに対して持つ，出演して歌わせる債権と，同じくＣ劇場のＡに対する同様の債権は両方とも問題なく成立してしまう（この場合，ＢとＣは平等でどちらかが優先権を持つわけではない。債権者平等の原則という）。もちろん，歌手Ａの体は一つしかないので，このままでは実際には一方にしか出演できないが，出演できなかったほうの劇場の債権は，なくなってしまうわけではなく，Ａの債務不履行によって損害賠償債権に変わるだけのこととなる。

このように，債権は相対的な権利なので，基本的には相手方に対する請求力・訴求力（訴訟に訴えて実現する力）を持つだけで，他の第三者から邪魔をされても，基本的にはその第三者の妨害を排除できず，ただ上の例のように，相手方に帰責事由があれば債務不履行として賠償を求める力があるのみである。例外は，登記をした賃借権のような場合で（債権は一般に，その移転については別として，その存在についての公示制度が存在しないが，賃借権には登記の制度がある。⇒第**4**章Ⅲ 3(1)），判例・学説は，無権利の第三者による妨害に対して，登記をした賃借権は賃借権それ自身に基づく妨害排除請求ができると認めている。もちろん，その他の債権でも，前述の取引的不法行為のように，かなり悪質に契約を横取りして債権を侵害したような場合で，不法行為が成立すればそれによって損害賠償の請求ができるが，それは不法行為が成立したからであって，もともとの債権それ自体の持つ力で第三者に賠償請求できるのではない。

3　債権総論の規定の意義—取引実務上の重要性

債権総論は，次章で学ぶ担保物権法とならんで，取引社会の一番複雑な利害関係を反映する分野である。したがって，そのような取引の実際がわかってくると，学習の意味がなお良く理解されるのである。債権の担保，管理，回収という，企業法務において重要なことがらのほとんどが，この債権総論と担保物権法に関わっていることに注意しておきたい。

具体的に担保の問題についていえば，物つまり動産や不動産をカタに融資を受けるという場合の担保を**物的担保**というが，債務者が担保に適当な動産や不動産を持っていない場合の担保の取り方として，債務者以外の誰かの持っている財産全体を担保にする，**人的担保**がある。この人的担保の代表が，後述の保証である。人的担保は，担保になる人の財産がその都度増減するので，物的担保と比べると不安定である。しかしながら，物的担保のほうは登記をしたり物を引き渡したりと手続が面倒なのに対し，人的担保は契約書一つで，つまり当事者の合意だけでできる簡便さがある。

さらに最近では，債権そのものを担保に融資を受けたり，企業の資金調達のために債権を売ったりすることが盛んになってきている。本来，民法上の債権は，譲渡性は認められているがそれほど頻繁に移転させることは条文の内容上予定されていないものであるのに，それを積極的に移転して資金を調達しようとするのである。これが債権の流動化と呼ばれるものである。このような最先端の問題も，この債権総論に関係している。

Ⅱ　債権総論の重点学習

1　債権の種類

債権は，契約自由の原則によって千差万別のものが作り出されるわけであるが，その中でいくつかの分類がなされうる。たとえば，特定物債権と種類債権の分類が重要である。

(1)　特定物債権

絵画や土地の売買を考えてみると，もともと同じものはほかにないのであるから，債権はその特定の物の給付を請求するものとなる。これを特定物債権という。特定物債権の場合は，債務者には履行時まで目的物を善良な管理者の注意義務（契約その他の債権の発生原因および取引上の社会通念に照らして定まる）で保管する義務（**善管注意義務**）が課される（400条。したがって売買の目的物が特定物で，契約後，引渡期日まで雨ざらしにしていたので破損したというような場合は，債務不履行となり損害賠償義務を負う）。そして，もし目的物が引渡前に滅失したりした場合は，（代わりがないのだから）当然に履行不能となって損害賠償債権に変わる。

(2) 種類債権

① **総説**　これに対して，某メーカーの何ミリリットル入りのビール何ダースの売買という場合は，代替可能な種類物についての債権，ということになる。この種類債権の場合は，(代わりがあるのだから）債務者の保管義務はとくに定められておらず，その代わりに，目的物が履行時までに滅失したりしたら，債務者は同じ種類の別の物を市場から調達する義務を負うことになる（つまり，酒屋が配達を頼まれたビールを店で割ってしまったら，別の同じ種類のビールを用意する義務があるということである)。また，たとえば「建築材料の杉板何枚」というだけで当事者が目的物の品質まで決めておかなかった場合は，(契約の性質などからも決まらないのであれば）債務者は同種の物の中から中等の品質の物を給付しなければならない（401条①項)。

② **種類債権の特定**　ただ，上のビールの例でも，契約の履行が進行していくうちに，どこかの段階で，幾つもある同種のビールの中で「この１ダース」というふうに決まる場面があると考えられる。配達のビールなら，一般には酒屋が買主の家まで持っていって「これ」と示す段階まで決まらないだろうが，贈答用のウイスキーを買主が酒屋に買いにきたという場合であれば，店の棚にあったあるメーカーのウイスキーを「それ」と示して包装させた段階でその包装された１本に確定するであろう。これが種類債権の「特定」と呼ばれる。民法は，債務者が引渡しに必要な行為を完了したり，債権者の同意を得て引き渡す物を指定したときには，それ以降はその物が債権の目的物と

なると定めている（401条②項）。この結果，特定以降，種類債権は特定物債権のように扱われることになり，債務者は特定した目的物について善管注意義務を負う（ただし，保管義務はこのように強化されるが，反面，それが滅失した場合は当然損害賠償債務になるだけで，市場から類似のものを調達する調達義務は負わなくていいことになる）。

③　**制限種類債権**　　種類債権の一つの形態として，種類を特殊な範囲（存在領域）で制限したものを制限（限定）種類債権という。たとえば，A社の倉庫にあるコシヒカリのうち300キロの引渡債権というようなもので，この場合は，特定前でも，その範囲のものがなくなれば履行不能で，市場での調達義務はない（倉庫のコシヒカリが全焼してしまえば損害賠償債務だけが残る）。

(3)　金銭債権と法定利率

金銭を支払わせる債権（金銭債権）は，最も徹底した種類債権ということができるが（金銭はこの世の中になくなることがないので，履行不能は考えられない。419条③項），金銭債権特有の規定がいくつか置かれている。なお，民事の**法定利率**は年３パーセントとされている（404条）。これまでは，法定利率（契約で利率の取り決めがなかった場合や，債務不履行や不法行為の遅延損害金などに適用される）は「年５分」で固定して規定されていたが，2017年改正法では，これを年３パーセントに引き下げたうえで（404条②項），３年を一期として，市場短期利率等を参考にして変動させることにした（同条③項以下）。これは合理的な改正といえよう（既に欧米諸国では変動利率にしているところが多い）。また，同時に商事取引の法定利率の別規定（年６分とする商法514条）も廃止される。

Key word 中間利息控除

ここで一つ問題になるのが，損害保険などの「逸失利益」の計算で用いられる**中間利息控除**である。わが国では，保険金を分割払いではなく一時金で支払うのが一般であるが，その場合，たとえば10年分の逸失利益であると，本来は毎年順次に得られるはずの金額が合計して一度に支払われることになるので，保険会社は合計額から年々の法定利息分を控除して支払いをする（この取扱いは，2017年改正で明文化された。417条の２①項）。そうすると，法定利率が下がれば，中間利息控除額が下がるので，受取人側は，同様な事故でこれまで得られた金額よりも高額の保険金を取得することになる（これは結果的に受取人側に有利な改正と言えるが，保険会社側が採算を取るために保険料自体を値上げする可能性もある）。

(4) 元本債権と利息債権

金銭貸借の場合には，元本〔がんぽん〕についての債権と利息についての債権が存在するが，すでに発生した利息債権は，それだけを切り離して処分することもできる。貸金債権500万円で毎年25万円の利息を生むものがあるとすれば，その元本債権（利息契約付き）を譲渡できるのは当然だが，たとえば前１年分のすでに発生した利息の弁済をまだ受けていないとすれば，25万円のその発生済利息債権だけを他人に譲渡することができるというわけである。

(5) 選 択 債 権

当事者の合意で，給付の目的を「自動車１台か現金100万円」などとした場合のように，給付の目的を何通りかのものの中から選べる債権を，選択債権という（406条)。これは，それぞれ選択するものの個性の違いがはっきり存在するのであって，種類債権の「(たとえば同じビールの）この１ダースかあの１ダース」というのとは全く異なる。

2　債務不履行

(1)　債務の強制履行

相手方が約束通りに債務の履行をしない場合，国家機関の助力を得て強制的に履行を実現させるのが強制履行である（債権者が自分で債務者に履行を強制すること（**自力救済**）は基本的に許されていない)。民法(414条）および民事執行法は，以下の三種の強制履行の方法を定めている。

①　**直接強制**　　債務者の意思にかかわらず，国家機関が金銭の支払いや物の引渡しを強制的に実現させる方法。執行官が債務者のところに出向いて行う。

②　**代替執行**〔だいたいしっこう〕　　第三者に債権の内容を実現させて，その費用を国家機関が債務者から取り立てる方法。これは，たとえば建築業者が工事を途中でストップさせてしまった場合に，別の業者に施工させて，かかった費用を元の業者から取り立てるというものである。

③　**間接強制**　　債務を履行するまでの間，裁判所が債務者に対して一定の金銭の支払義務を課すことによって，債務者を心理的に圧迫して債務の履行を実現させようとする方法。たとえば，騒音を出さないという債務の違反が続いているような場合はこの方法による（「騒

音を止めるまで一日あたり何十万円の支払を命じる」などと判決する)。わが国では，かつては，①の直接強制ができる場合②の代替執行は許されず，③の間接強制は①②ともできない場合にのみ認められるとされてきたが，2003年の民事執行法の改正で，間接強制の使える範囲が拡げられた。

(2) 債務不履行の損害賠償

① **概説**　　これについては，すでに第4章に略説した。債務不履行（債務の本旨に従った履行がないこと）には，履行遅滞，履行不能，不完全履行の3種があるが，いずれも，約束通りの債務が履行されなければ債務不履行になり，債権者は損害賠償の請求ができる。ただ契約の内容や社会通念に照らして債務者に帰責事由がないと認められるときは債務者は責任を免れる（415条）。これは，2017年改正までは，民法上債務者が債務不履行責任を負うためには，債務者に帰責事由（責めに帰すべき事由）がなければならないと説明されていたのを改めたものである。つまり，帰責事由は，債務不履行となるため成立要件ではなく，それがないことが免責の要件となるというわけである（したがって，たとえば地震による交通途絶のような不可抗力の場合は，履行が遅れたりしても帰責事由がないので債務不履行の責任は負わない)。

② **損害賠償の範囲**　　日本民法は，不履行によって通常生ずべき損害（通常損害）は当然に賠償の範囲に入るが，特別の事情によって生じた損害（特別損害）については，債務者にその予見可能性があった（予見すべきであった）場合にのみ賠償範囲に入るという規定を置いている（416条。制限賠償主義と呼ばれる)。何が通常損害で何が特別損

害かはケース・バイ・ケースで決めるしかないが，たとえば住み替えのための家屋の売買契約で，引渡しが遅れたため１カ月間アパート住まいを余儀なくされたという場合，一般にはアパートの賃料は通常損害といえる。しかしその買主が別の人と転売の約束をしていてそれが引渡しの遅れのためにキャンセルになって買主に転売利益分の損害を生じたとしても，これは一般には特別損害といえ，そのような転売のあることを債務者が知っていたか，予見すべきであった場合のみ，賠償の範囲となるというわけである。

③　**過失相殺**　　債務不履行またはそれによる損害の発生もしくは拡大に関する損害賠償では，債権者側の落ち度を考慮して賠償額が縮減されることがある（418条。既に学んだ不法行為の過失相殺（722条）とほぼ同様である。⇒第**5**章II 4(3)）。

④　**損害賠償額の予定**　　当事者があらかじめ損害賠償額を約定しておくことは可能である（ただしそれが90条の公序良俗違反で無効とされる場合はありうる。420条①項）。賠償額を予定しておくというのは，あとで計算するのも大変という理由もあるが，これを高めに設定しておくと相手方の債務不履行の抑止力になるという実務的なねらいもある。

⑤　**賠償者の代位**　　債権者がその債権の目的である物または権利の全額の賠償を受けたときは，債務者はその物または権利について当然その債権者の地位に取って代わる。これを賠償者の代位という（422条⇒後述の3(1)も参照）。たとえば契約で預かっていた品物を紛失して損害全額を債権者（所有者）に賠償した者は，その品物が見つかれば（元の所有者に代わって）その品物の所有権を得るということであ

る。

(3)　債権者の受領遅滞

一方，債務者が約束通りに履行しようとしたのに債権者が受け取らない場合を受領遅滞という。民法413条は，債務者が弁済を提供したのに（つまり，債務者が持参する約束の持参債務であれば実際に目的物を届けにきたとか，債権者が取りにいく約束の取立債務ならば，引渡しの準備を完了して取りにきてくれと通知することを弁済の提供という），債権者がそれを受け取ることを拒みまたは受け取れない場合は，債務者は債務不履行の賠償責任などを免れ，目的物の保管についても，それまでは善良な管理者の注意義務（善管注意義務）をもってする必要があったのが，自分の物を保管するのと同一の注意ですれば足りる，つまり保管義務のレベルが低くなることになる（413条①項。⇒「自己の財産に対するのと同一の注意」については第**4**章の無償寄託契約を参照）。そして，そのために履行の費用が増加したときの増加額も債権者の負担になる（同条②項）。また，目的物が引渡しまでに滅失した場合の危険負担も，予めの合意がどのようであったにせよ，履行の提供後は危険負担は債権者のほうに移る（567条②項）。ただ，これらの効果は，受領遅滞の効果なのか，弁済を提供したことの効果（492条）なのかは議論があるところである。

なお，多数説は，受領遅滞は以上のような限度の法定効果を持つだけで，債権者の「債務不履行」（受領債務という債務を考えてその不履行と考える。こういう学説もある）になるとまでは見ていない。つまり，債務者の側から逆に債権者に対して解除や損害賠償を請求することまではできない，というわけである。ただこれに対して最近の有力説は，売買のような債権者に引き取る義務のある契約については，その義務についての債務不履行を認めていいという折衷説を主張している（改正後は，個別判断で，受領債務が認められる契約ならば，その債務の不履行と評価されることになろう）。

3　債権者の権能（責任財産の保全）

(1)　責任財産の保全とは

銀行から融資を受ける場合などは，貸主は何らかの担保を取るのが通常である。しかし，品物を納入する取引を継続的にしている相手などとの関係では，売掛金債権といって，代金をもらわないままになっている債権がたまっていたりしても，いちいち担保などはとらず，お互いの信頼関係で取引を続けている場合が多い。こういう場合の債権者を，担保から優先的に弁済を受けられる債権者との対比で，一般債権者という。そうすると，一般債権者の債権が実現されるためには，債務者がそれに見合うだけの財産を持っていなければならない。この，一般債権者の債権を実現する引当てになっている，債務者の処分可能な財産全体を，責任財産というが，この責任財産は債務者のふところ具合によって，いわば風船のようにふくらんだり，しぼんだりする。したがって，単純に言って100万円の債権に対して債務者の責任財産が100万円以上あればいいわけだが，これが80万円とか60万円ということになると，全額の回収ができなくなる。そこで民法は，こういう不安定な立場の一般債権者が，一定の場合には，自ら債務者の債権を代って行使し，またその債務者の責任財産の大きさを確保するために，債務者の財産処分等に干渉できる，という制度を置いた。これが，債権者代位権と詐害行為取消権である。ただ，もともとは債務者が自分自身の財産をどう処分しようと自由なので，この干渉は，債権者が自己の債権を保全する最低限の限度での干渉に限定されている（ちなみに，代位というのはその地位にとって代わるという意味で，代理とは異なる。本章Ⅱ6⑵④の「弁済による代位」も参照）。

⑵　債権者代位権

①　**総説**　　債権者Ａが債務者Ｂに100万円の売掛債権を持っている。一方，ＢはＣという自分の債務者（Ａからみて第三債務者という）に対して150万円の未回収の債権を持っている以外にはめぼしい財産がない状態である。しかもこの150万円の債権をＢはＣに対して請求せず放置しているので，このままでは時効にかかって消滅してしまう，と考えてほしい。こういう場合にＡは，Ｂの地位に取って代わって，Ｃに対して債権の請求をすることが許されるというのが債権者代位権である（423条）。つまり債権者代位権は，自己の債権を保全するために，債務者の第三債務者に対する権利（被代位権利）を，債務者に代

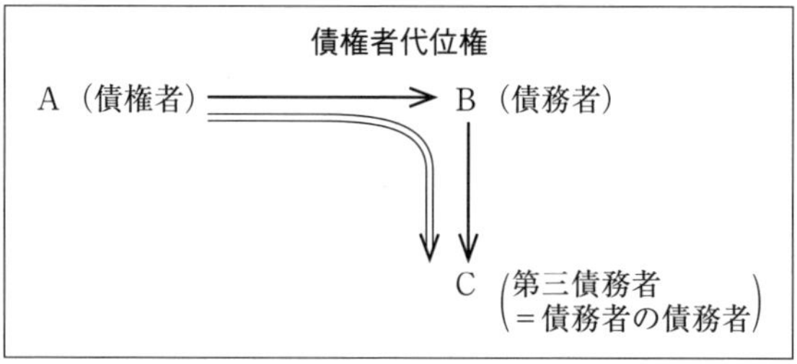

わって行使できるというものである（これは債権者の固有の権利であって，代理人として行使するのではない）。

②　**効果**　　この場合，Aは自分の債権の範囲，つまり100万円の限度で取り立てることが許される（423条の2）。なお，代わって取り立てたのだから，本来はいったんBに返さなければいけないのだが，取り立てたものが金銭である場合には，その金銭と自分がBに請求できる債権を相殺（⇒本章II 6(5)）することによって，実際はそのまま優先的に弁済を受けることが認められている（423条の3）。

③　**適用範囲と行使の要件**　　債権者代位権は，金銭債権以外の特定債権（金銭の支払い以外の特定の給付を請求する債権。たとえば，賃借権とか，移転登記請求権とかである）の保全についても行使することができる。たとえば，AがBからBの土地を借りていて，無権利者Cが勝手にその土地に入り込んで使用を開始してAの賃借権を妨害しているという場合，Aは，賃借権は債権なので，登記（605条）その他の対抗力がない限りは他の第三者（つまりCなど）に対抗できない。そこでAは，自己のBに対する賃借権を保全するために，B（土地の所有者なので所有権に基づく妨害排除請求権を持つ）のCに対する妨害排除請求権を代位行使しうるのである。ただし，債権者は，たとえば債務者の離婚請求権のような，債務者自身しか行使することのできない権利（行使上の一身専属権）と，差押えを禁じられた権利については代位行使することはできない（423条①項ただし書）。

さて，債権者代位権は，他人の債権処理への干渉であるから，代位権行使者の債権保全の必要がある場合でなければできない。そこで，被保全債権が金銭債権である場合には，債務者の無資力が基本的に代位権行使の要件になる。しかし被保全債権が登記請求権などの特定債権である場合には，他に権利保全の方法がないのであれば，債務者の資力の有無は問題にせずに行使できる（423条の７）。

(3)　詐害行為取消権

①　**総説**　　また詐害行為取消権というのは，債権者取消権とも言うが，先の例でＢが唯一の財産として500万円相当の土地を持っていて，その土地を債権者からの追求を逃れるねらいで親戚のＤに贈与してしまって無資力になってしまったとしよう。この場合，Ａは，やはり自分の100万円の債権を保全するために，ＢＤ間の贈与契約を詐害行為として取り消すことができるのである（424条）。このように，詐害行為取消権は，詐害行為を取り消して，債務者の責任財産から逸脱した財産を責任財産の中に取り戻すことを目的とする制度である（たとえていえば，債務者が責任財産の風船をわざとしぼませようとするのをもとの大きさに戻すということである）。

②　**効果**　　本来，詐害行為として取り消せる範囲は，債権者自身の債権を害する限度である。したがって，債権者Ａの債権が100万円で，ＢからＤへなされたのが500万円の金銭の贈与であれば，100万円

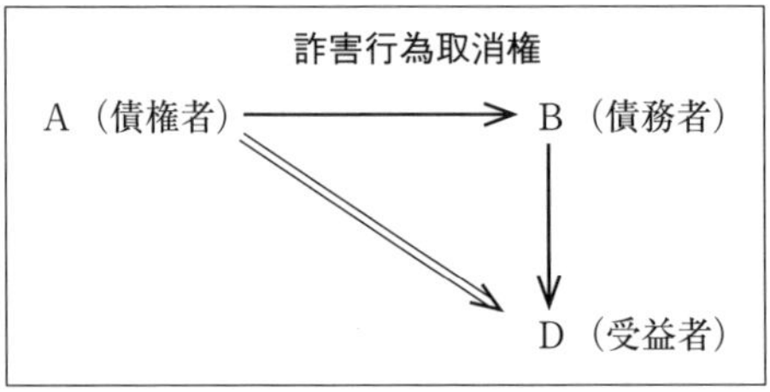

の限度で取り消せるにすぎない（424条の８）。しかし土地は不可分つまり分けられないので贈与全体を取り消せるが，取り消してＢのところへ戻った形になった土地を競売して，そこからＡは100万円を回収する。この場合はＡ以外の一般債権者も配当加入といって回収に参加できる。

取消権の確定判決は，債務者とすべての債権者に効力が及ぶのだが（425条），金銭などの場合は，実際には，代位権のときと同様，取消しをした債権者が優先的に回収できる結果になる。具体的には，金銭の給付などを対象とした詐害行為を取り消す場合，債務者（Ｂ）がその回復されるものを受け取らないこともあるなどの理由で，いったん債権者（Ａ）が直接給付を請求し受領することが認められており（424条の９），その受領した金銭と自分がＢに請求できる債権を相殺（⇒本章Ⅱ6(5)）することによって，そのまま優先的に弁済を受けることが認められているのである。

③　**要件**　　詐害行為取消権は代位権と異なり，被保全債権は金銭債権に限られる。行為の態様が詐害性のあるものであるという客観的要件（具体的には424条の２，424条の３などの規定を参照）と，行為者の債権者を害する意思および受益者の悪意という主観的要件の相関で詐害行為が認定される。なお，代位権のほうは裁判外で行使できるが，取消権は（より効果が強力なので）必ず裁判上で行使することと定められている。

④　**出訴期間**　　詐害行為取消権は，債権者が取消原因を覚知した時から2年，行為の時から10年を経過したときは，訴えを提起することができない（426条）。

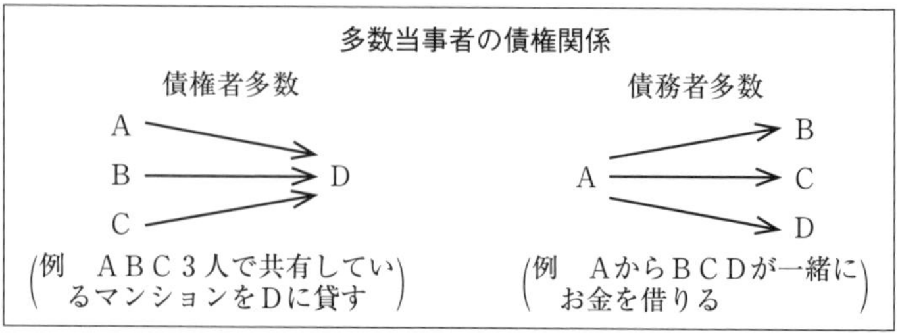

4　多数当事者の債権関係

(1)　多数当事者関係を学ぶポイント

ここでは，債権者と債務者が１対１ではなく，一つの契約について債権者が複数いたり，債務者が複数いたりする場合に，１対１では出てこない問題が生じるので，それを整理する。分割債務とか不可分債権とかいくつかの種類が出てくるが，かりに債務者側が複数で，債権の内容が金銭だとすると，整理すべき問題は，①債権者が複数の債務者にどうやっていくら請求できるかという対外関係，②債務者の内の１人に債権者との関係で生じた事由，たとえば１人だけ支払いを免除されたとか，が他の債務者にどう影響するかという影響関係，③１人が払ったら他の人に求償できるかという債務者側内部の求償関係，という３点である。この３点を多数当事者関係のそれぞれの種類について整理していけばいい，というのが最初のポイントである。つぎに，当事者複数の関係というのが債権の担保の機能を果たすということがポイントである。といっても全部の種類にそういう機能が備わっているわけではなく，条文では終わりから二番目に出てくる連帯債務でかなり強くなり，最後の保証債務というのはまさにこの担保のために当事者を複数にしているものといえる。

⑵　分割債権・分割債務

民法は，一つの債権について債務者や債権者が複数存在する場合は，当事者が特別の合意をしなければ，それらの債務者や債権者に分割して存在することになるのが原則だとしている（427条）。分割の場合も特に当事者が定めなければ平等である。たとえば，３人の債務者が銀行から300万円を借りれば，１人100万円ずつに分割された債務を負うことになるし（分割債務）２人で共有している品物を１人の債務者に300万円で売れば，代金は150万円ずつの債権になるというのである（分割債権）。しかしこの原則を広く認めると，特に分割債務の場合，債権者に不都合な結果になることが多いと指摘されている（⇒後述の⑷連帯債務参照）。

⑶　不可分債権・不可分債務

目的物の性質から，給付を分けられないものの場合には，必然的に分割債権・分割債務とはできず，一括して履行をする必要がある（428条，430条参照）。たとえば，車１台の売買契約で，買主が２人という場合には，車を半分にすることはできないから，どちらかの買主が車全体の引渡しを受け，それによってもう１人の買主も満足をするということになる（不可分債権。また，ＡＢの2人で共有しているアパートの部屋をＣに貸した場合の賃料も不可分債権になるので，半分だけ支払うというわけにはいかない）。売主が２人で車を共有していて，買主が１人というときは，どちらかの売主が車を買主に渡せば，それによってもう

1人の売主も債務を履行したことになる（不可分債務）。

(4) 連帯債務

① **連帯債務の意義**　個人の実生活で一番大事なのは保証債務と思われるが，これを学ぶためには連帯債務から知る必要がある。まず，ＢＣＤという3人が，一緒にお店を始める目的で，Ａ銀行から900万円を借りたとしよう。先に述べたように，民法は，こういうときに債権者Ａ銀行と債務者の3人の間で何も取決めをしておかなければ，これは分割債務になる，この分割というのが原則形なのだ，としているが（427条），単純な分割債務となると，Ａは期限が来たときにＢＣＤの3人に300万円ずつ分けて請求ができるだけになる。そうすると，たとえばそのうちのＢが弁済期に行方不明になっていたり無資力になっていたら，他の2人からは300万円ずつ回収できても，Ｂからの300万円が回収できないままになってしまう。これでは債権者は困るから，ＡがＢＣＤを連帯債務者として900万円貸す，という契約にしたとする。そうすると，Ａは，期限が来たら，Ｂにも，Ｃにも，Ｄにも900万円全額の請求が可能になるのである。もちろん，合計で2,700万円取れるというのではなく，連帯債務というのは，債務者は一人一人が全額までの弁済義務を負う，だからＡとしてはＢＣＤのうち誰かを選んで全額請求してもいいし，適当に分けて請求してもいい，というものである（436条はそういう意味）。

これは，連帯債務者間に主観的な連帯の意思がある（上の例なら一緒にお店を始める目的で連帯債務者となると意思表示して借りている。当事者に「**主観的共同関係がある**」などという）ことを前提に民法がそう規定しているもので，もちろん連帯債務にするかしないかは当事者の自由であるし，また当事者が任意に特別の合意をすることもできるわけだが，連帯債務であるとして契約すれば，このようになる。この場合は，債務者同士の内部関係では，最終的に負担する割合（⇒ Key word 負担部分）をたとえば300万円ずつ，と決めておいていいわけだが，債権者に対しては，誰でも請求されたら全額支払う義務を負うことになる。債権者としては債務者の１人が行方不明になっても他の人から回収すればいいので，それだけ債権の効力が強化されることになるし，言葉をかえれば，債務者はお互いにそれぞれの債務を担保しあっていることになる。

Key word 負担部分

負担部分は負担割合である。したがって，900万円の債務につきＢＣＤの3人の連帯債務者がいる場合は，負担部分が特別の約束なく平等だとすれば300万円ずつなのだが，この状態でＢがまず債権者に180万円支払ったとき，ＢはＣとＤに60万円ずつ求償して返してもらうことができるのである。けれど，くれぐれも間違えないようにしてほしいのは，連帯債務の場合は各債務者は債権者に対しては全額（900万円）の支払義務を負うのであって，人の分まで支払ったのだからと相互に求償することはできても，債権者との関係では，負担部分の金額しか支払わない，と主張することはできないのである。

②　**連帯債務の絶対的効力事由**　連帯債務では，債務者同士の主観的な結合関係を前提にしている。そのことから，債権者と債務者

の1人との間で起こったことは，他の債務者にもある程度影響するというのが合理的と考えられる。たとえば，弁済（一人が一部でも弁済すれば他の連帯債務者の弁済すべき額も残額だけになる），更改（513条），相殺（505条以下）がそれである。しかし，2017年の改正法では，これまで他の債務者に影響するとされていたもの（絶対的効力事由という）がいくつか他の債務者に影響しないもの（相対的効力事由という）に変更された（絶対的効力とする規定がなければ，原則としての相対的効力になる）。①まず，履行の請求である（絶対的効力事由としていた改正前434条が削除された）。理由は，連帯債務にはさまざまな種類のものがあるので，およそ連帯債務一般について請求の絶対的効力を認めたのでは，履行の請求を受けていない連帯債務者は知らないうちに履行遅滞に陥ったり消滅時効期間の更新がされたりする不利益があるからということのようである。②次に，免除もそうである（絶対的効力事由としていた改正前437条が削除された）。これは，連帯債務者の一人を免除する債権者の通常の意思は，他の連帯債務者には影響を及ぼさないというものであろうと考えられたことによる。③もうひとつ，連帯債務者の一人についての時効の完成も同様である（絶対的効力事由としていた改正前439条が削除された）。これによって，連帯債務の担保的機能の強化を図ったとされる。その他，時効の更新事由，完成猶予事由，連帯債務者の一人の過失，遅滞，一人に対してなされた判決の効力，一人に対してなされた通知の効力，等は，すべて相対的効力にとどまる。

(5) 保証債務

① **総説**　以上のことがわかった上で，保証債務について述べ

る。これは先程述べた人的担保の代表だが，保証人になるときはくれぐれも注意する必要がある。保証には普通の保証と連帯保証というのがあるのだが，連帯保証のほうは特に注意が必要である。保証については，日常生活で耳にしたりしてある程度知識があるだろうが，それが正確な知識になっているかどうかが問題である。それを試しながら説明しよう。

なお，保証債務は，主たる債務に付き従い，運命を共にする。つまり，主たる債務が弁済されて消滅すれば保証債務も消滅するし，主たる債務が取り消されれば保証債務もなくなる（これを保証債務の**付従性**〔ふじゅうせい〕という）。

②　保証契約と保証債務　　まず，Aが債権者でBが債務者であるとして，CがBから保証人になってくれと頼まれた場合，Cは誰と契約するのだろうか。答えはBではない。保証契約は債権者Aとする。それゆえ，たとえばBから「他にも保証人がいるから迷惑はかけない」と言われて保証人になったら実は他には誰も保証人がいなかった，という場合でも，そんな事情と関係のないAとの契約をやめるわけにはいかないのである。なお，民法上はこれまで契約書がなくても保証契約は成立することになっていたが，保証契約によって一方的な負担を負うことになる保証人の保護も考慮して，2004年の改正によって，保証契約は書面でしなければ効力を生じないと規定された（446条②項。なおこの書面は，電子的な方式などによるものでもよい。同条③項）。次に，弁済期限が来て，債権者AがCに弁済してくれと言ってきた。そのときCは，Bのほうに先に請求してくれといえるだろうか。答えは，普通の保証人ならそう言えるが，連帯保証人の場合は言

普通保証と連帯保証

債務者と普通の保証人　　債務者と連帯保証人

えない，ということになる。

③　**普通の保証と連帯保証**　　保証人というのは，446条で，主たる債務者が債務を履行しないときにその債務を履行する責めを負う人である，と規定されているが（これを保証債務の**補充性**という），これは普通の保証の場合で，このとき保証人は，先に主たる債務者に請求してくれ，という**催告の抗弁**と，主たる債務者にも財産があるはずだから先にそちらに強制執行してくれ，という**検索の抗弁**という二つの抗弁権を持っている。したがっていわば主たる債務者の後ろに控えていればいい存在なのだが，これが主たる債務者と連帯する連帯保証人になると，この二つの抗弁権がなくなり，債権者との関係では先述の連帯債務者と同じ債務関係を持つことになる（454条，458条）。つまり，連帯保証人は主たる債務者と同列に並んでいるわけで，債権者は期限がきたら主たる債務者を最初から相手にせず連帯保証人だけを狙って全額請求をしてもよいのである。

この点，連帯保証人というのは何人かで保証の負担を分け合えばいいので普通の保証人より楽なのだと大変な誤解をしている人もあるので注意したい。これは全く逆である。

④　**共同保証**　　ちなみに複数の保証人がいるのは共同保証といい，普通保証で共同保証の場合は確かに**分別**〔ぶんべつ〕**の利益**といって人数分で負担を分け合えばよいのだが（456条。つまり400万円の債務に普通の保証人が２人いれば，200万円ずつ負担すればよい），連帯保証の場合は，他に保証人が何人いても，先に連帯債務で述べたように債権者から請求されたらとにかくいったんは全部支払う義務があるのである（400万円の債務に連帯保証人が２人いても，各連帯保証人は債権者から請求されたら400万円全額を支払う義務を負っている。連帯保証人というのは，保証人同士で連帯しているのではなく，主たる債務者と連帯しているのだということを忘れないようにしたい）。

⑤　**根保証（継続的保証）**　　保証は，本来，一定の主たる債務の弁済を担保する目的でなされるものであるが，たとえば債権者と債務者が継続的に何度も取引を繰り返す間柄であるとすれば（商品を繰り返し購入し代金を毎月末に決済するというような取引関係を考えればよい）債務残額は毎月増えたり減ったりする。このような場合に一つ一つの債務にいちいち保証契約を結ぶのは面倒である。そこで，その債務者の債務を保証する場合に，一定の極度額と期間を設定し（たとえば，３年間最高3,000万円までというように），その範囲で保証をする，という契約が可能である。これを根保証という。さらに広く言えば，継続的保証という概念が考えられ，これには上の根保証のほかに，一定期間の賃貸借契約の賃料債務を保証するというような形態も含まれる。

この根保証は，個別保証より簡便に強力な効果のある担保を設定できるので，実務では頻繁に用いられているが，裏を返せば，根保証人は長期にわたって一方的に大きな負担を負うことになる。そこで，

2004年の民法改正では，個人の貸金等の根保証契約について，その効力を制限する規定を新たに置き，個人根保証人の保護を図った（465条の2から465条の5）。そこでは，極度額の定めがなければ契約は無効とし，また根保証人の責任を元本確定期日までに限定して，その期日を契約で定めた場合には最長5年，定めなかった場合には3年とした。さらに2017年改正ではその保護を個人のする根保証契約全般に拡げて，極度額の定めのない個人根保証契約をすべて無効とするに至った（改正465条の2）。

⑥　**機関保証**　　最近は，特別法によって作られた，保証を業務とする機関も存在する。たとえば，全国にある**信用保証協会**というものは，中小企業が金融機関から融資を受けるのを助けるために，中小企業から若干の保証委託料を取って，協会が保証人になるのである。ただし，この信用保証協会は，機関の存続のために，主たる債務者である中小企業に連帯保証人を立てさせたり，保証委託契約の中で最終的な求償を有利にする形の特約を結んだりしている。

⑦　**身元保証**　　親戚の子供が会社に入るので身元保証人になる，などという身元保証契約は，ここでいう保証と少し異なる。ここでいう保証が，主たる債務者の債務額を対象にして保証するものであるのに対し，身元保証契約の場合は，その就職した本人がこれから会社に対して損害を及ぼした場合はそれを保証する，という一種の**損害担保契約**であり，損害額がいくらになるのかはあらかじめ分かっているわけではない。こういう場合には，保証人の負担が莫大になる恐れもあるので，身元保証に関する特別法ができていて（昭和8年制定），契約の有効期間の制限や，本人の仕事内容が変わった場合の雇い主からの

通知義務など，身元保証人の負担が重くなりすぎないような配慮がなされている。

⑧　**事業債務についての個人保証人の保護**　2017年改正法は，事業に係る債務を個人が保証する契約について，形式要件や主債務者の義務を強化して保証人の保護を図る規定を新設した。

まず，改正法は，個人が事業債務の保証をする場合には，その保証意思の確認をいっそう厳格にし，公正証書で保証意思を表示しなければ無効とすることにした（改正法465条の6）。つまり，金額やリスクが大きいと考えられる事業債務について，公証人の前で意思確認を行わせることにしたのである。

ただこれには例外がある。いわゆる経営者保証と呼ばれる，主たる債務者が法人である場合のその法人の理事，取締役，執行役などが個人保証人となる場合については，公正証書による意思確認は要求されない（改正法465条の9・1号）。そして，もう一つ例外として規定されているのが，法人ではない主たる債務者との共同事業者，またはその主たる債務者が行う事業に「現に従事している主たる債務者の配偶者」が保証人となる場合である（改正法465条の9・3号）。このうち，前者の共同事業者はよいとして，後者の主たる債務者の配偶者はいささか問題である。「現に従事している」という要件はあるが，配偶者が名前だけの役員となっているような場合がどう判断されるのか。配偶者は保証人になることを断りにくく，また家庭崩壊につながる危険もあることから，施行後も議論が残ると考えられる。

また，改正法は新たに，事業に係る債務の場合，主たる債務者が個人保証人に対して契約締結時に，財産や収支の状況などの情報提供をする義務を課した（改正法465条の10）。それらの情報を提供しなかったり，誤った情報を提供したために保証人となる者が誤認をして承諾したような場合には，債権者がその状況を知りまたは知ることができたときは，保証人は保証契約を取り消すことができる（同条２項）。

⑨　**物上保証**　なおここで**物上保証人**〔ぶつじょうほしょうにん〕という言葉を説明しておく。これは保証とついていても債権法上の保証とは全く異なる。物上保証人とは，債務者のために債務者以外の第三者が債務者に対して自分の所有する担保物を提供した場合の，その「他人のための物的担保提供者」をいうのである。債権者Ａ，債務者Ｂとして，ＣがＢのために自分の土地にＡの抵当権（本書195頁以下参照）を設定してやるような場合である。いわゆる保証人は，主たる債務者の債務を担保する債務を負うことになるのだが，物上保証人は，提供した担保物の限度で責任を負うだけで，債権者に対して支払債務を負うわけではない（つまり，Ｂが支払わなければＣはＡに抵当権を実行されて土地を失うだけで，直接弁済をしたりする義務はない）。

5　債権譲渡

(1)　総　　説

ここでは，債権の移転の問題を扱う。ここで問題にする債権は，ＡのＢに対する100万円の貸金債権というような，通常の債権である（2017年改正までは「指名債権」と呼んでいた）。これは，商法分野の法律の対象となる**有価証券**とは異なるので注意したい（2017年改正法では，520条の２以下に有価証券の一般規定が置かれた）。**手形**や**小切手**などの有価証券は，この債権という，人の人に対する権利を，証券という紙に

債　権　譲　渡

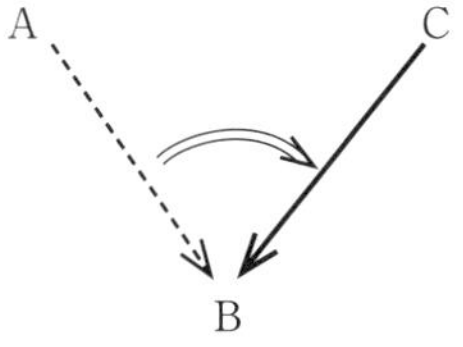

（AのBに対する債権をAがCとの契約でCに譲渡すると，そのままCのBに対する債権になる）

乗せたもので，裏書などの手法で，その証券という紙を移転すれば権利も移転するということにして，債権の流通性の増大を図っているものである。指名債権の場合は，そのような証券にはなっていない。債権証書があっても，それは権利を証明する文書にすぎず，権利の移転はもっぱら当事者の合意による（譲渡契約書の作成や債権証書の引渡しをしなくても譲渡は有効である）。

そもそもローマ法の初期には，債権は人と人を結ぶ法の鎖という考えから，自由な譲渡が認められていなかったが，近代民法では，どこの国でもこの債権の自由な譲渡性を認めている（466条①項）。自由に譲渡できるというのは，債権者が，別の誰かと合意して，債務者の意向に関係なしにこの債権をそっくりそのまま別の人に譲れるということで，この場合譲渡する人を譲渡人〔ゆずりわたしにん〕，譲渡を受ける人を譲受人〔ゆずりうけにん〕と呼ぶ。したがって，債権譲渡というのは，債権の売買や贈与を原因として，債権を同一性を変えずに移転する，譲渡人と譲受人の間の契約である。なお，当事者の合意で譲渡禁止や譲渡制限の特約を結ぶことは認められている（466条②項）。

(2) 譲渡制限特約の効力と債権譲渡の有効性

これまでの民法では，譲渡禁止の特約がある債権を譲渡しても無効とされてきたが，2017年改正法は，ここに大きな修正を加えた。債権を譲渡して（あるいは譲渡担保として）資金を調達する実務が非常に盛んになってきていることから，その取引を阻害しないように，譲渡制限の特約が付いていても，その債権譲渡を基本的に有効としたのである（466条②項）。しかし，一方で，債務者の支払先固定の利益などを保護するために，譲渡制限特約も有効とすることにしたため（譲渡制限特約の存在を知っていた，または重過失で知らなかった譲受人に対しては，債務者は，債務の履行を拒んで，元の譲渡人に払えば免責される。466条③項），非常に複雑な規定がされることになった。効果的な改正になったかどうかは，実務の評価を待つ必要があろう（有効な制限特約があるのに譲り受けるのは企業としてコンプライアンス違反という意見もある）。なお，譲渡制限特約付きの債権を譲渡された債務者は，法務局に供託をして債務を免れることができる（466条の2）。また，譲渡制限特約の付いた債権も差し押さえることはできる（466条の4。これは明治の民法起草時からの考え方である）。

(3) 将来債権譲渡の有効性

注意したいのは，将来発生する予定の債権（貸店舗の来年の賃料債権とか，今の取引先におそらく3年後にも納入するであろう部品の代金債権等）の譲渡も有効であるということである。これは判例が既に認めていて（複数年先の将来債権の譲渡も有効であり，発生可能性の高低は有効性を左右しない。もし発生しなかった場合は当事者間では債務不履行等で処理すればよい），2017年改正では明文で規定された（466条の６）。

⑷　債権譲渡の対抗要件

日本民法は，この債権の譲渡についても，物権の移転（⇒第**3**章II 2⑵）と同様に，対抗要件主義を採った。これもフランス民法型の規定である。つまり，譲渡人譲受人の間では合意だけで債権は移転するが，それを債務者および第三者に対抗できるためには，対抗要件の手続をとらなければならない。不動産の場合は対抗要件は登記であるが，債権の場合は，確定日付のある証書による債務者への通知か，確定日付ある証書による債務者の承諾となっている（467条②項）。ただし，債務者に対する関係だけでは，少し簡単に，確定日付のある証書を使わないただの通知か承諾でいいことになっている（467条①項）。債務者への通知か債務者の承諾，というふうに対抗要件に債務者がからんでいるのは，債権というものは物権と違って，債務者の履行によって実現するものだから，債務者が，誰に支払うのかをまず知らされなければならないからである。起草者は，まず債務者に知らせれば，この債権の存在を確認したい人は債務者に聞けば状況がわかる，つまり債務者を一種のインフォメーション・センターにすることによって，不完全ながら公示の機能も果たさせようとしたものだとしている。確定日付ある証書というのは，いつ作られたものかの証明ができるもので，公証人が作る公正証書とか，官庁や公の機関によって日付印を付けられた証書をいう（民法施行法５条）。

⑸　確定日付と二重譲渡

確定日付がなぜ必要かというと，物権変動における登記と異なり，通知や承諾は，対抗要件それ自体が複数存在することが可能であるため，その中でどれが一番早く具備された対抗要件かを決めるために，こういう，先後の決定の証拠力のある方式を必要とするからである。それゆえ，同じ債権が二重に譲渡された場合，最初に譲渡契約をした譲受人が権利者になるのではなく，最初に対抗要件を具備した譲受人が権利者になる（ここを間違えずに頭に入れてほしい）。確定日付を取る一番簡単な方法は，日本では郵便局の内容証明郵便である（⇒ Key word 確定日付と内容証明郵便）。

Key word 確定日付と内容証明郵便

内容証明郵便を出すには，郵便局に同じ証書を3通（オリジナルとコピー2通）持っていって封筒をそえて窓口に出す。局では郵便認証司が日付印を付して1通はそのまま発信し，1通は郵便局が保管し，1通は控えとして発信者に返却してくれる。池田真朗編著『民法 Visual Materials〔第2版〕』（有斐閣，2017）71頁，75頁参照。

これは簡便で良いのだが，一つ大きな問題を持つ。というのは，内容証明郵便の確定日付は，郵便局での発信の時点の日付で，この時点では対抗要件の中心になる債務者はまだ知らされていないのである。そこでわが国では，二重譲渡の場合の対抗要件の優劣の基準としては，確定日付のある通知の場合は，それが先に債務者に到着したほうが優先する，という到達時説が取られている。債権譲渡については近年重要な判例が幾つか出され，学説も進展しているところなので，是非くわしく勉強してみてほしい。実務的にも，債権をまとめて売ったり担保にしたりして融資を得る方法が盛んに行われ始めている。

⑹　債権譲渡登記

上のように，債権をまとめて売却して資金化したり（**債権流動化**），譲渡担保にして融資を得たり（**債権譲渡担保**）する場合には，個々の債務者にすべて通知をするのは大変煩瑣で費用もかかる。そこで，1998年にできた債権譲渡特例法は，ファイルに記録した多数の譲渡情報を電子的に登記して，民法467条②項の確定日付ある証書による通知とみなせる制度を作った（ただこれは債務者に知らせないで登記するのであるから，譲受人は登記で第三者対抗要件は具備できるが，債務者に権利行使する場合には，別途登記事項証明書を付して通知しなければならない）。わが国で最初の電子化された登記であり，今日では実務で大変広く使われている（なお同法は2004年に増補改正されて動産債権譲渡特例法となった。⇨第**7**章Ⅱ 3②）。

⑺　債権譲渡と債務者の抗弁

債権譲渡をされた債務者は，譲渡の対抗要件具備時までに債権者（譲渡人）に対して持っていた抗弁（一部弁済済みであるとか，反対債権があるので後述の相殺（⇨本章 6⑸）をするとか）をすべて新債権者（譲受人）に対して主張することができる（468条①項。ここでいう「対抗要件」は467条①項の通知・承諾（対債務者権利行使要件）でよい）。債務者としては，自分を抜きにして譲渡契約をされてしまうのであるから，譲渡前より不利な状況に置かれるのはおかしいので，この規定は当然である。

なお，2017年改正までは，ここに，異議をとどめないで承諾をすると，債務者はそれまで譲渡人に主張できた抗弁を譲受人に主張できなくなるという規定があったが，これは削除された（改正後は，同じ効果を得るためには，抗弁を放棄する包括的な意思表示が認められる必要がある）。

(8) 電子記録債権

ここで学んだ民法上のいわゆる指名債権は，もともと譲渡はできるがそれほど頻繁に転々流通するようなことは考えられていなかったものである。そのような移転の簡易化・円滑化のためには，(1)にも述べたように，本来，手形というものが考えられていた。これは，債権をいわば手形という紙の上に乗せ（化体する，という）その紙を移転させることで譲渡ができる（裏書といって，紙の裏にサインをして移転させていけばよい）ものである（詳しくは手形法を参照)。わが国ではこの手形の制度が非常に発達していたのだが，コンピューター時代になって，その紙を発行し保管し交換するという手間が負担になってきた（しかも手形の場合は印紙税がかかる)。手形の利用は，1990年からの20年間でほぼ10分の１になっている。一方，通常の債権のほうは，紙の移転はいらないし税金もかからないものの，二重譲渡のリスクもあるし，そもそも債権の存在が不明瞭で，かつ債権者の弁済も保障されていないという欠点がある。このような状況で，2007年には，債権と手形の欠点を除去して長所を伸ばす形で，コンピューター上の記録によって発生し移転する，電子記録債権というものができた（**電子記録債権法**)。2009年末には，民間に設置される電子債権記録機関も業務を開始し，具体的な取扱いが始められている。将来は，手形を代替する活用法や，債権を代替して担保として活用する方法が開発されることが期待される。

⑼　債務引受と契約譲渡（契約上の地位の移転）

債務の移転（債務引受）も，今日では判例・学説で広く認められており，2017年の改正で，明文の規定が置かれるに至った。前の債務者が抜けて新しい債務者に交代する**免責的債務引受**（472条〜472条の４）と，前の債務者もそのまま残り，新しい債務者が加わる**併存的債務引受**（470条，471条）が規定されている。ただしこれらは，債務者と引受人の契約だけで勝手にできるわけではない。債権は，債務者に弁済能力がなければ現実化できないので，債務者の変更は債権者にとって債権の実現可能性が変わる重要問題であるから，債務引受契約は，債務者・債権者・引受人の３者ですれば問題がないが，債務者と引受人でした場合は，債権者の同意（承諾）が必要である（債権者と引受人の間で契約する場合は，併存的債務引受ならばそれで有効（470条②項），免責的債務引受の場合は，債権者が債務者に通知をした時点で効力を生ずる（472条②項））。

また，ある債権だけとか債務だけとかではなくて，一つの契約から生じる債権債務を包括する，契約上の地位を第三者に譲ることもできる（2017年改正法では，539条の２に規定を新設した）。これが契約譲渡とか契約上の地位の移転などと呼ばれるものである，この契約譲渡の場合も，債務引受の部分が含まれるので，譲渡人と譲受人だけでした場合は，相手方の同意（承諾）が当然必要となる。また，契約譲渡は，債権譲渡と債務引受を合わせただけのものではなく，契約当事者だけが持ちうる取消権や解除権の移転も含むことを忘れてはならない。

6　債権の消滅

(1) 総　　説

債権総論の最後は，弁済など，債権の消滅原因が規定されている。債権は債務者によって本来の内容での弁済を受ければその目的を達成して消滅するわけだが，その他の消滅原因として，当事者が代わりの物での債権消滅を契約してする代物弁済，債権者が受け取らなかったり誰が債権者だかわからない時に法務局の供託所に預ける形で債権を消滅させる供託，自分の債権と相手の自分に対する債権を対当額で消滅させる相殺その他が規定されている。このうち相殺については，これが担保的機能を持っていることと（つまり，相手が払ってくれない時も自分の債権と相殺する形で回収できる），この相殺が取引関係において一番簡単な債権回収手段であることを覚えておきたい。

(2) 弁　　済

① **弁済の提供**　債務の本来の趣旨に従った弁済（本旨弁済）が実際になされれば当然債務は消滅する。しかし，たとえば相手方が勝手な理由で受け取らないとか，留守で支払えないという場合には，弁済の提供をしておけば，債務不履行の責任は免れることができる。弁済の提供には，履行場所に目的物を持参したりする「**現実の提供**」（493条本文）のほかに，債権者があらかじめ受領を拒んでいるような場合には，弁済の準備をして，取立てにくるように催告すれば弁済の提供の効果が認められる「**口頭の提供**」も認められている（493条ただし書前段）。履行のために債権者の行為を必要とする場合（もともと債

権者が取りにくる約束だったとか，履行場所を債権者が指定する約束だったとかいう場合）にも，この口頭の提供ができる（同条ただし書後段）。

②　**第三者による弁済**　弁済は，債務者以外の第三者がすることもできる（474条）。単に好意でする場合もあれば，代わって弁済しないと自分が不利になるからするという場合もある（たとえば債務者ＢがＡに債務を弁済できないので，物上保証人Ｃが自分の提供した抵当物件を競売にかけられそうになったとき，その物件がどうしても手放したくないものなのでとりあえずＢに代わってＡに弁済するような場合）。ただし，音楽家の演奏債務のように，他人が弁済する（演奏する）ことが債務の性質上許されないものもある（同条④項）。また，利害関係のない第三者が単なる好意でする場合には，債務者の意思に反してすることはできない（ただし，債務者の意思に反することを債権者が知らなかったときはこの限りではない。474条②項）。

③　**弁済の充当**　債務者が債権者に対して同種の複数の債務を負っている（たとえば500万円の金銭債務と600万円の金銭債務がある）場合に，全部の債務を消滅させるには足りない弁済をするときは（たとえば400万円だけ支払う），まず弁済者がどちらの債務の弁済に充てるのかを決めることができる（488条①項）。弁済者が決めなければ弁済受領者が決め（同条②項），両者が決めなかった場合は488条④項の定める順序で充てられる（**法定充当**という）。

④　**弁済による代位**　債務者に代わって第三者が弁済した場合，贈与の意思でした場合などを除いては，その第三者から債務者に求償することができる。しかし，ただ求償権を行使して債務者に払えというだけでは，実際に支払わせる強制力が薄いことが考えられる。この

ようなケースで，その求償権の実現を確保するために機能する制度が，弁済による代位である（499条以下）。代位というのはその位置に代わるという意味で，代理とは違う。ここでは，弁済した第三者が，債権者の地位にとって代わり，債務者との関係では消滅した債権者の権利をそのまま行使できるとするのである。そうすると，たとえば債務者Bが債権者Aに対して抵当権を設定していたり保証人を立てていたりした場合には，弁済した第三者Cとしては，求償権の範囲でAに成り代わって，その抵当権を実行したり保証人に弁済を請求したりして，求償を実現することができるのである。弁済による代位には**任意代位**と**法定代位**があり，先に例に挙げた物上保証人のように，弁済しないと自分が不利になるという利害関係人が弁済した場合は，法定代位として自動的に（何の手続もなしに）代位できるが，利害関係のない第三者が弁済する場合は，任意代位となり，任意代位があったことを債務者や他の人に対抗するには，債権譲渡の対抗要件と同じ対抗要件を必要とする（500条）。

⑤　**無権利者への弁済**　　当然のことだが，本来，弁済は，真の債権者または債権者から弁済受領権限を与えられた者（代理人等）に対してなされなければ有効ではない。しかしその例外として，**受領権者としての外観を有する者に対する弁済**（478条）の規定がある。これは，2017年改正までは債権準占有者に対する弁済と呼ばれたもので，本当の債権者ではないのだけれど債権者らしく見える人に対して善意かつ無過失で（無過失の要件は判例通説を採用して2004年改正で加わった）つまりその債権者らしい外観を信頼して弁済した場合に，弁済を有効とするもので，本来は誰でも間違えるような場合についての例外的な

規定だったのだが，これが日本では銀行での真正の預金者以外への払戻しなどに関して大変広く使われている（この規定はフランス民法から継受したものだが，フランスでは，どう見ても仕方のない間違いと思われる場合にだけ使われる限定的な規定で，これを広く用いるのは日本独特のものである）。

⑶　代物弁済

たとえば，ＡがＢに1,000万円の融資をした場合，その借金を返済する代わりに，Ａの同意を得てＢ所有の家屋がＡに譲渡されるようなこともある。このように，債権者と合意して，本来の債権の給付内容とは異なる他の給付を現実に行うことによって本来の債権を消滅させるのが代物弁済である（482条。当事者が合意するなら，1,000万円の土地に代えて800万円相当の宝石を給付する代物弁済も有効である）。代物弁済は，債権者と弁済者との合意を必要とするから契約であり，2017年の改正で諾成契約になったが，債権が消滅するのは実際に代物の給付がされた時である。この代物弁済は，「借金が返せなければこの家を給付する」という**代物弁済契約の予約**（または条件付き代物弁済契約）として，担保の目的でなされることもある。

⑷　供　　託

債務者が弁済しようとしても債権者が金額を不服として受け取らない場合とか，債権者が行方不明であるとかいう場合に，先に述べた弁済の提供をすれば債務者は債務不履行の責任は免れる。しかしこれではまだ債務は残っている。この債務を消滅させるための方法が供託である。具体的には，全国の法務局にある供託所に弁済の目的物を寄託して債権を消滅させる。けれどこれは本来の弁済ができる場合には許されず，**供託原因**がなければできない。一つは，債権者が受領を拒みまたは受領することができないときであり，他の一つは，過失なくして債権者を確知できない場合，つまり債権者の死亡後，相続人となるべき人を確知できない場合や，一つの債権について複数の譲渡がなされて，誰が真正な債権者なのか確知できない場合などである（494条）。

(5) 相　　殺

AがBに対して貸金債権400万円を有する場合に，BがAに品物を売って200万円の売掛金債権ができたとする。この場合，Bは，Aからの400万円の支払請求に対して，200万円分について双方の債権・債務を消滅させる意思表示をしてその支払を拒むことができる。これが相殺〔そうさい〕である。相殺は，債権者と債務者とが相互に同種の債権（たとえば金銭債権と金銭債権）を有する場合に，それを一方の意思表示によって**対当額**で消滅させることをいう（505条）。この場合，相殺をしかけるほうの債権を**自働債権**，相殺をされるほうの債権を**受働債権**と呼ぶ。民法が規定を置いている相殺は，一方的な意思表示による単独行為であるが，もちろん双方で合意して相殺をする相殺契約も自由にできる。単独行為としての相殺をする場合には，対立する双方の債権が同種のものであることに加えて，双方の債権が弁済期（支払をしなければいけない期日）にきていることが必要である（505条①項本文）。双方の債権がこのような相殺可能な状態にあることを**相殺適**

状と呼ぶ。ただし，たとえばAの債権が弁済期に来ている（Bが支払わなければならない期日になっている）がBの債権は弁済期に来ていない（Aはまだ約束の弁済期日になっていないので支払わなくてよい）という場合に，Aの側から期限の利益（136条②項）を放棄して相殺をすることは可能である。相殺をすると，その効果は，相殺適状になった日に遡って発生する（506条②項）。

なお，当事者が，相殺をあらかじめ禁止する特約を結ぶことは可能であるが（505条②項），そのような禁止特約は，それを知っている，または重大な過失を知らない（つまり悪意重過失の）第三者にだけ対抗できる（同条②項ただし書）。また，悪意による不法行為の損害賠償債権の債務者と，人の生命身体に関する損害賠償債権の債権者は，債権者（被害者）に対して金銭債権を有していても，相殺で対抗することはできない（509条。被害者に現実に賠償金が支払われるのを確保するためである）。

Ⅲ　民法と企業法務

先に，実務上一番複雑な問題をはらんでくるのは，債権総論と担保物権法が主として関連する，債権回収や担保実行の問題であり，そのような場面で，民法は当事者の利害の対立を最も鮮明に示すと述べた。皆さんがたとえば司法試験を受けて法律専門家になるのではなく，銀行や商社，メーカーなどの民間企業に就職する場合でも，以上に述べたような知識は大変重要になる。実例を挙げてみよう。たとえば，融資をしていたり売掛金債権がある取引先の会社の経営状態が悪化したとする。企業法務に携わっている人たちは，債権総論や担保物権法の知識を駆使して債権の保全や回収に当たらなくてはならない。まずその危なくなった会社に対する債権で抵当権（⇒第7章Ⅱ1(1)）などを付けているものはそれを実行して回収する。保証人を取っている場合は，保証人もその会社と共倒れで資産状態を悪化させている場合もあるからこれも早急に処理しなければならない。担保のない部分については，自分の会社のほうが債務を負っているものはないか，つまり反対債権があるかを探して，あれば取りあえず相殺でその分を回収する。次に，相手の会社が第三者に対して債権を持っているものがあれば，その債権を売掛金の代わりにもらう，つまり代物弁済として債権譲渡をさせる手も考えられるのだが，これは状況によっては，その債権譲渡が，別の債権者から，詐害行為取消権によって取り消される場合がある。詐害行為取消権は取消権を行使した債権者が有利な結果になることが多いわけだから，他の債権者の動きも見て，自分たちが取消しをかける機会もうかがわなければならない。こうしてみると，ただの教科書の上のルールと思えたものが，実は一刻を争う企業紛争の武器になっている場合もあることがわかるだろう（⇒ Key word 企業法務）。

Key word 企業法務

企業法務は，かつての紛争解決法務から，**予防法務**，**戦略法務**と進化してきている。戦略法務というのは，もっとも効率的な営業を目指して，企業のリスクとプロフィットを勘案しながら法律上の処理を組み込んでいくもので，現代の企業では，法務部門の重要性が高まってきている。

なお，企業法務を目指す人に一言。民法以外に会社法や破産法程度は勉強しておいてほしい。また，相当の規模の企業であれば，国際取引が多いので，英文の契約書を読める程度の英語の能力は必須である。さらに金融関係の法務という意味では，会計学の基礎はわかっていてほしい（貸借対照表のどこの部分に入る資金を調達するのか，等)。ちなみに，「**金融法**」というのは，独立した法分野ではなく，民法を中心として，会社法，倒産法（破産法や民事再生法等を含む)，民事執行法・民事保全法，金融商品取引法，税法等を包括する一大ワールドである。

第 7 章　物権法(2)—担保物権法

I　担保物権法の概観

1　担保物権の意義と性質

(1) 意　　義

他人に融資をする（お金を貸す）ときにはどうするかを考えてみよう。親子や兄弟の間では，相手を信用して単純に返済期日や利息の取決めをして貸してくれることも多いが，一般の取引ではまずそんなことはない。ほとんどの場合，貸す側は，借りた側が返してくれないときのために，担保というものを取る。その一つのやり方は，借主の持っている物を担保にとって，返せないときはその物をお金に代えて（競売して）回収するというやり方である。これが物的担保である（これに対して保証人などを立てさせるのを人的担保と呼ぶことは前章に述べた)。この場合に，融資をした側の債権者は，担保に取った物について，その利用価値ではなく交換価値（お金に変えたらいくらになるか）を支配しているのである。物に対する直接の支配権である物権の中でも，このような形の支配のしかたをする権利が担保物権である。

(2) 法 的 性 質

したがって担保物権には，元になる債権と運命を共にする（債権が消滅すれば担保物権も消滅する）という**付従性**がある（また，債権が譲渡されれば担保物権もそれについていくという**随伴性**もある)。また，担保物権の効力を強めるため，債権者が債権全体の弁済を受けるまで，目的物の全体について担保物権を行使できるという**不可分性**も規定されている（296条ほか）。さらに，担保目的物が売却や賃貸されて代金や賃料を生じたり，滅失や毀損をして賠償金を生じたりしたときには，担保物権はそれらのものに対しても効力を及ぼすことができるという**物上代位性**も，４種の担保物権のうち３種までに認められている（304条ほか。後述の留置権には，目的物の価値から優先的に弁済を受ける効力がないので，認められていない）。

(3)　担保物権の種類

すでに第**3**章で述べたように，担保物権には，当事者の契約によって発生する約定担保物権と，一定の状況に立ち至ったときに法が与えてくれる法定担保物権とがあり，民法は，約定担保物権として抵当権と質権，法定担保物権として留置権と先取特権を規定している。現代の取引社会においては，約定担保物権のほうが重要性が高い。ことに抵当権が重要である。また，民法はこの四種の担保物権のみを認めているが，この他に，実務の中で考え出された，物を使って担保の機能を果たさせる取引方法がいくつかあり，慣習法上あるいは判例法上で承認されている。これらを非典型担保と呼ぶ（本章の最後に略説する）。

2　担保物権の機能と担保物権法の位置づけ

担保物権が，物権とはいっても物の持つ交換価値だけを支配するものである，ということは，上の法的性質の説明からも理解されるように，担保物権とは，その把握する物の価値に見合う債権の存在を前提にして，それを確保するために設定される権利である，ということに他ならない。ここに，担保物権を債権法とセットにして学ぶことが適切である理由がある。

具体的にいえば，今，債務者Ｘの財産（弁済などに当てられる責任財産）が全部で1,000万円あり，そのうち500万円が甲という土地だったとする。この債務者に対して５人の債権者ＡＢＣＤＥが500万円ずつの債権を持っていたとしよう。もしＡＢＣＤＥは誰もその債権について担保を取っていないとすれば，債務者の弁済がないためにＡＢＣＤＥの５人が強制執行の手続きを取った場合は，債権者平等の原則によって，５人はＸの財産1,000万円から１人200万円ずつを平等に回収できるにとどまることになる（詳細は民事執行法という法律で勉強してほしい）。この場合に，Ａだけが次に述べる抵当権という担保物権をＸの甲土地に設定させていたとしよう。Ａは弁済期限が来て債務者の返済がなかった場合，この甲土地の抵当権を実行して（競売で売却させて），甲土地が500万円で売れた場合，その売却代金から500万円を他の債権者に優先して回収できるのである。したがって後の４人の債権者は，残りの500万円の財産から平等に，つまり１人125万円ずつだけ回収できるにとどまる。これが，抵当権などの担保物権の持つ，優先弁済効である。

もちろん，債権担保手段には，すでに前章で学んだ人的担保としての保証などもある。上のケースでＢはＸに保証人Ｙをたてさせていたとすれば，Ｙの資力が十分あるかぎりは，ＢはＹから（あるいはＹとＸを合わせて）500万円全額の弁済を受けることができる。しかしこの人的担保は，あくまでも保証人などの変動する資産をあてにする不安定なものである。これに対して，抵当権などの物的担保は確実である。けれども，優先効を持つ物権であるから，登記など，設定の手続きは契約だけでできる人的担保よりも面倒であるし，万一不動産の相場が大きく値下がりした場合は，人的担保と同様，十分に回収できない危険が発生する。このように，債権の担保回収には，担保物権法と債権総論の領域に規定される各種の手法をさまざまな考慮のうえで活用する必要がある。

Ⅱ　担保物権法の重点学習

1　約定担保物権

(1)　抵　当　権

① **概説**　約定担保物権としては抵当権と質権がある。担保物権は，その物の経済的価値を把握しておくだけなので，抵当権の場合は，土地や建物に抵当権を設定してその旨を登記するが，抵当権を設定されたその土地や建物は，債権者に占有を移す必要はなく，債務者つまりお金の借主がそのまま使用していてよい（369条参照）。いざ債務者がお金を返せないとなったら，債権者はその登記してあった抵当権を実行して（つまりその土地や建物を裁判所で競売してもらって）その売上金から，他の債権者に優先して弁済を受けることができる。実社会の取引の中で最も重要な担保物権はこの抵当権である。

② **抵当権の機能と登記**　抵当権は，上に述べたように目的物の価値だけを掌握するという観念的な（外見から判断しえない）物権なの

で，それを公示する登記がいっそう重要である。したがって民法は，抵当権の客体を帳簿上の公示手段を持つ不動産と，若干の不動産物権に限定する（369条。他にはいくつかの特別法で，登記・登録制度を置いて，工場施設や船舶，財団等を抵当権の目的とできるようにしている)。

また抵当権は，もともと，個々の債権の担保のための制度である。フランス民法にならったわが民法においてもその傾向が強い（ただし，ドイツなどでは，抵当権を債権担保の制度にとどめず，投資の対象としても考えて立法している。抵当権を売却流通させることまで想定しているのである)。そこで，個々の債権の担保のために抵当目的物の価値を把握する，ということから，当然に抵当権の順位という概念が出てくる。つまり債務者は一つの担保物権にいくつも抵当権を設定し，登記することが可能である。たとえば債務者Ａは，まずＢから5,000万円を借りる際にＡの所有する１億円相当で売却可能と想定される甲土地に抵当権を設定し，登記した（これを一番抵当権という)。ついでＡは，債権者Ｃからも4,000万円を借り，担保として同じ甲土地に抵当権を設定し，登記した（二番抵当権)。さらにＡは，Ｄからも2,000万円を借り，担保として同じ甲土地に抵当権を設定し，登記した（三番抵当権)。このようなケースで，ＡがＢＣＤのいずれにも弁済できないまま弁済期を徒過し，抵当権が実行された場合を考えてみよう（実際には利息の問題があるがここでは省略する。374条①項本文参照)。競売で甲土地が実際に１億円で売れたとする。Ｂは第１順位で優先できるので，まず１億円から5,000万円全額を回収できる。次のＣも残った5,000万円から4,000万円をまるまる回収できる。ただ最後の三番抵当のＤは，貸したのは2,000万円であるが，甲土地の売却代金からは前

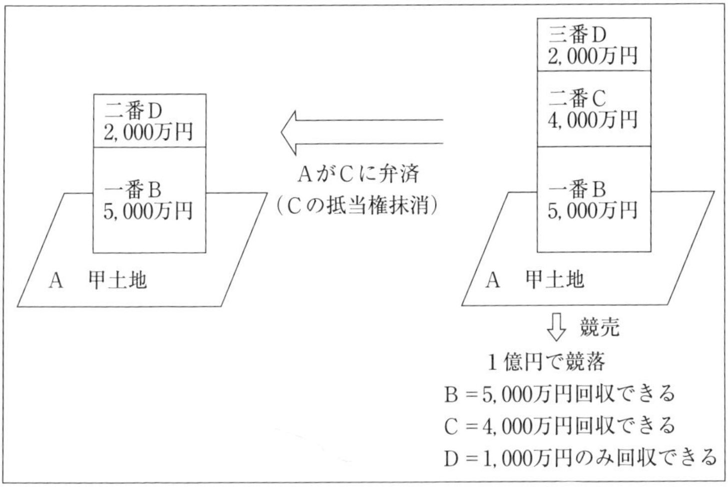

二者の回収した残金1,000万円を回収できるに止まるのである（残りの1,000万円は，担保なしにただ支払えと請求し続けられるだけである）。ただ，このDの三番抵当権は，もし上位の抵当権者（たとえば二番のC）が契約通りの弁済を受けられていれば，その者の抵当権登記が抹消されるので，順位が繰り上がることになる（上の例では三番が二番になり，Dは抵当権実行でBに続いて2,000万円全額を回収できることになる）。もっとも，たとえば土地の相場が下落して，甲土地が競売で5,000万円にしか売れなかったということになれば，一番のBだけが5,000万円回収でき，後の二番以下は１銭も回収できないことになる。

③　**抵当権と利用権の関係**　　抵当権が目的物の価値だけを把握して利用権を所有者に残すものであることから，所有者は，抵当権設定後も，その不動産について賃貸借契約を設定して収益を挙げることができる。その場合の賃借人を保護するために，短期の（602条の期間を

超えないもの。土地なら５年以内，建物なら３年以内）賃貸借は，抵当権設定後に登記したものであっても抵当権者に対抗できるという規定が置かれていた（旧395条）。しかしこの短期賃貸借は，近年抵当権者の抵当権実行を妨害する目的で設定されることが多くなり，2003年の改正で廃止され，抵当権の実行（競売）によって明渡しを強いられる賃借人に６カ月の猶予期間が設定された（現395条）。

④　**抵当権と物権的請求権**　　抵当権も物権であるから，抵当権者は侵害に対して妨害排除請求権を持つ。ただ，価値支配権であるから，どんなときに侵害となり妨害排除できるかには議論がある。抵当不動産である山林の不当な伐採や家屋の破壊などにより，目的物の価値が抵当権を確保できない程度に減少すれば，妨害の排除（搬出の差し止めや原状回復請求等）ができるというのが多数の見解である。

⑤　**根抵当権**　　抵当権には，根抵当〔ねていとう〕権というものも認められている。普通の抵当権であれば，特定の債権（たとえばAのBに対する500万円の貸金債権）を担保するために設定されるのであるが，もしAとBが繰り返し取引をするのであれば，いちいち個々の特定の債権に抵当権を設定したり抹消したりするのは面倒である。そこで，包括的に不特定の債権を担保できるように（極度額つまり担保する取引額の上限を決めて）設定するのが根抵当権である。これについてはさまざまな問題が出てくるので，民法はそれらを整序するためにかなり詳細な規定を追加した（398条の２～398条の22）。

⑥　**抵当権の及ぶ目的物の範囲**　　抵当権は，その目的たる不動産に付加して一体となっている物（付加物）に及ぶと規定されている（370条本文）。この付加物の概念には，付加物（242条。たとえば，土地

との関係では石垣・敷石・立木・苗など）が含まれることには異論がないが，従物（87条。土地に置かれた石どうろう・取り外しのできる庭石・建物に備えつけられた畳・家具など。⇨Key word 主物・従物，元物・果実）も含まれるかどうかについては争いがある。これに対し，天然果実・法定果実（賃料など）については，不動産に付加して一体をなす物であるが，抵当権は，目的物の占有や収益権を設定者に留保する権利であるので，抵当権実行前に収穫・収受された果実には抵当権の効力は原則として及ばない（しかし，実行時に存在するものについては及ぶ。371条）。

さらに，抵当権は抵当目的物の従たる権利（抵当権が設定された不動産に付いている権利）にも及ぶ。たとえば，債務者が，借りている土地の上の自分の建物に抵当権を設定した場合，抵当権は借地権にも及び，その建物の競落人（競売で買った人）は，借地権付きの建物を取得する（ただし民法の賃借権の問題や借地借家法の問題が関係する。⇨第**4**章III 3）。

⑦　**物上代位**　　たとえば，Bが甲家屋に抵当権を設定してAから融資を受けたとする（債権者Aが抵当権者，債務者Bが抵当権設定者とよばれる）。この甲家屋が火災で焼失してしまった場合には，Aは担保を失ってしまうことになるが，もしBが甲家屋に火災保険をかけていてそれを保険会社に請求できる場合であるならば，この火災保険金請求権の上にも抵当権の効力を及ぼすことができる（Aはその火災保険金から融資金を回収できる）のが妥当であろう。このように，担保の目的物が滅失・毀損したような場合（あるいは売却・賃貸等があったような場合）に，設定者（上の例のB）の受けるべき「金銭その他の物」に対し

ても担保権の効力を及ぼすことができることを物上代位〔ぶつじょうだいい〕といい，わが民法では，これが抵当権（372条・304条）のほか後述の質権と先取特権に認められている。判例は，賃料債権への物上代位も認めているので，たとえば，テナントの入っているビルの抵当権者は，抵当権の実行としてビルを競売してもよいし，競売せずに賃料債権を物上代位で回収してもよいわけである。

⑧　**法定地上権**　たとえばＢがＡから融資を受ける際に，所有する土地とその上の建物のうち，建物にだけ抵当権を設定した（すでに述べたように，わが国では土地と建物は別個の不動産とされている。⇒第**3**章Ⅰ1）。さて，弁済ができず抵当権が実行されて競売の結果Ｃがその建物を買い受けたとしよう（代金からＡが貸金を回収する）。そうするとＣは，建物の所有権を得たのにその土地の利用権がないことになってしまう。そこで民法は，抵当権設定当時，土地の上に建物が存在し，土地と建物が同一の所有者（上例のＢ）に属する場合において，そのいずれか一方に抵当権が設定され，競売により，土地所有者と建物所有者が異なるに至った（上例では建物所有者がＣになった）ときは，土地所有者である抵当権設定者（Ｂ）は，競売の際に新建物所有者（Ｃ）のために地上権を設定したものとみなすことにした。地上権については既に学んでいるが（⇒第**3**章），本来は当事者の設定契約によって発生する地上権を一定の場合に法が与えるものとしたもの，これが法定地上権である（388条）。

(2)　質　　権

質権の場合は，やはり経済的価値だけを把握する権利なのだが，抵当権と異なり，その物を債権者のほうへ引き渡してもらう（債権者が占有する）。所有権が移るわけではなく，債権者が債務者の物を保管している形になる。これも債務者がお金を返せなければ，その物を競売などして優先的に債権を回収すればよい（342条参照）。質権は，動産，不動産，その他債権などの財産権，のどれにも設定できるが，動産の場合は（債務者が勝手に使っていていいとすると第三者に売却されて引き渡されてしまったりしては困るので）この質権の規定が適するものの，不動産については債務者に利用権限が残る抵当権を使う場合が多い（なお動産についても最近は最後に述べる譲渡担保の利用が多い）。

2　法定担保物権

(1)　留　置　権

たとえば，客Ａが時計屋Ｂに腕時計の修理を依頼して預け，代金が１万円かかったとする。修理が終わったとき，時計屋ＢはＡが代金を支払わないのに時計を返してしまうと，代金を請求する担保（間接的に強制する手段）がなくなってしまう。そこでこのような場合，民法は，代金が支払われるまではＢは時計を返さなくてよいというルールを（当事者の意思と関係なく）定めた。これが法定担保物権としての留置権である。法律用語を使っていえば，「他人の物（腕時計）の占有者（時計屋Ｂ）が，その物に関して生じた債権（修理代金１万円の債権）を有するときに，その債権の弁済を受けるまでその物を留置することができる権利」ということになる（ただし，この留置権には，留置した目的物を換価処分してその代金の中から債権を回収できるという効力（**優先弁済効**という）はない。なお，この留置権については，前述の第**4**章にでてきた同時履行の抗弁と比較したい。⇒第4章Ⅱ3(3))。

(2) 先取特権

たとえば，資金繰りの厳しくなったY商店に勤めるXが，給料20万円をYから支払ってもらっていないとする。一方Yに180万円の貸金債権を持つ取引先Zが，Yが期限を過ぎても支払わないのでYの財産（100万円分しかなかった）に強制執行したとしよう（財産を競売でお金にかえて回収しようとするわけである)。この場合，Xも配当を要求すれば，ZとXとでYの財産を分けあうことになるのだが，わが国の民事執行法における債権者平等の原則からすると，ZとXの債権額は9対1の割合だから，Yの100万円をZが90万，Xが10万という金額で分け合うことになる。しかし，給与債権はXの生活にかかる債権だから，これは社会政策上の見地からみれば，全額が確保されるべきである。そこで民法は，「一定の債権を有する者（上の例のX）が，債務者（Y）の財産から，他の債権者（Z）に優先してその債権の弁済を受けることのできる（上の例でいえば20万円全額を優先的に弁済してもらえる）法定の担保物権」を規定した。これが先取特権〔さきどりとっけん〕である。民法上の先取特権は，306条以下に定めてあるが，債務者のすべての財産の上に効力を有する一般の先取特権と，債務者の特定の動産の上に効力を有する動産先取特権，および債務者の特定の不動産の上に効力を有する不動産の先取特権に分けられる。ただ，先取特権は，一般先取特権であれ，動産先取特権であれ，債務者がその目的動産を第三取得者に引き渡した後は，もはや行使できない（**追及効**がない，という。333条)。

3　非典型担保

民法に規定のある上記４種の担保物権を典型担保というが，この他に民法典上に規定がないが，債権の弁済が得られないときは担保の目的物自体を債権者に帰属させて債権の弁済にあてる（たとえば目的は担保なのだがいったん担保の目的物を譲渡した形にしておき，返済できないときはそのまま権利を債権者に帰属させる）という担保形態がいくつか考え出され，慣習法上あるいは判例法上認められている。これらを非典型担保という。**仮登記担保**，**譲渡担保**，および**所有権留保**がそれである（これらは，新種の物権を作出したわけではないので物権法定主義には反しない。このうち仮登記担保については，特別法ができている）。特に譲渡担保は今日の取引社会において重要になってきている。

①　**仮登記担保**　　たとえばＡがＢにお金を貸し，期限に返済できないときは，Ｂまたは第三者（物上保証人）に属する物の所有権をＡに帰属させて本来の履行に代えるという契約をし，その所有権移転の期待権を仮登記または仮登録によって保全する，という担保取引形態を「仮登記担保」と称する。実際には，「弁済できなければこの物で返す」という「代物弁済予約」または「停止条件付代物弁済契約」，さらには「弁済できないときはこの物を売る」という「売買予約」などの契約をして，その結果行われる所有権移転登記を仮登記しておく（仮登記は，実際に弁済できなかったときに本登記するということで，その間に別の人が登記を移しても優先できるという順位保全の効力がある）というやり方である（実際に仮登記までしなくても，契約は有効である）。これは，融資した金額より多額なものでも取得できる（たとえば100万円

を融資して200万円の物での代物弁済を予約する）といううまみがあるため，一時広く行われるようになった。そこで，融資者が過大な利益を得ることのないよう，昭和53年に仮登記担保法という特別法ができて，目的物の価額と被担保債権額との差額（清算金）の支払いを義務づけるなどの規制を定めた。

②　**譲渡担保**　　AがBにお金を貸す際に，形の上で，あるBの所有物をAに譲渡したことにし，期限がきてBが弁済できればAからBに返却する，弁済できなければそのままAが取得する，という取引形式を「譲渡担保」と呼ぶ。これについても，実質（貸借）よりも過大な形式（売買）を取ることからその法的正当性が当初問題とされたが，判例はこれを脱法行為ではないとして承認した。ただ，実務上ひんぱんに行われ，融資者が過大な利益を得る場合も多いので，判例も，仮登記担保と同様に，買主（融資者）に清算義務を課している。なお，学説においては，この譲渡担保を所有権の移転として構成するか（融資者を所有者として評価する。所有権的構成），担保権の設定として構成するか（融資者は担保権だけを得ていると評価する。担保権的構成），現在でも議論が多い。判例は，基本的には所有権構成を維持しつつ，必要に応じて担保としての実質に則した修正を加えている，と理解されている。ちなみにこの譲渡担保は，資金調達手法として，不動産，動産に限らず，債権などの財産権を対象にひろく行われるようになってきている（動産や債権の場合には，多数のものをまとめて担保に供する集合動産譲渡担保，将来債権譲渡担保という形でなされることが多い。その場合，動産のほうは，これまでは，占有改定（⇒第3章Ⅱ2(5)③）で，外見ではわからない対抗要件を取るしかなかったが，2004年の債権譲渡特例法改正

によって，債権譲渡登記（⇒第**6**章5⑷）と同様の，動産譲渡登記制度が新設された。これによって，動産もはっきりした公示方法が取れることになった。ただ，もちろんこの登記は，引渡しや占有改定と同等の対抗要件であるから，たとえば先に占有改定をした者があればそちらが優先する。なおこの改正で，新法は名称も変更され，動産債権譲渡特例法となった）。

③　**所有権留保**　　たとえば**割賦販売**（かっぷはんばい，月賦などの分割払い方式での販売をいう）業者のＡがＢに商品を売る場合，商品はいますぐ引き渡すが，代金がたとえば１年後に完済されるのであれば，それまで商品の所有権はＡに留保する，という契約がよく行われる（１年間はＢは使っていても所有者ではないことになる)。これは，所有権を留保することによって残代金をＢに支払わせる担保とするやり方で，このような契約も有効であり，広く行われている。このような，先に引き渡した動産売買の売主の代金債権を確保するための手段として，民法には動産先取特権があるが（311条），一般には，上のように代金完済まで所有権が移転しない特約を結んでおいて，代金が弁済されない場合は契約を解除して目的物を所有権に基づいて取り返すという方法がとられることが多い。これが「所有権留保」である。譲渡担保と類似はするが，もともと融資が狙いなのではなく，買主は当該目的物を取得する意思であるところが異なる。学説には争いもあるが，判例は，対外的な法律関係として（買主が第三者に売却して紛争になったような場合に）所有権的構成（つまり売主をそのまま所有権者の地位にあるものと評価する）をとっている。

第8章　親　族　法

I　家族法の意義と位置づけ

前章までに学んだ，民法総則，物権法，債権法は，民法の中の財産法と呼ばれる部分である。これに対して，親族法（民法の第4編親族）と相続法（同第5編相続）の部分は，合わせて家族法の分野と呼ばれる（以前は身分法という言い方もされた）。家族法の分野は，もちろん市民生活の中では大変重要な部分なのではあるが，今日，各種の資格試験などでは，財産法の分野と比較すると，出題される割合はかなり低い。ただし，相続法の部分では，内容的に財産法に関係するところも多く，親族法の一部にも財産法の問題とつながる箇所がある。また相続税法などを学習する前提の知識として知っておいたほうがよい点もある。以下では，これらのことに留意しながら，家族法の部分について，特に財産法と関連するところを中心に，簡潔な解説を試みたい。

II　親族法の概観

1　親族法の内容

民法親族編は，まず総則として，次に掲げる親族の概念を規定し，次いで第2章婚姻では，婚姻の成立，無効および取消し，効力を扱い，さらに夫婦財産制と離婚について規定する。次の第3章親子では実子と養子について規定を置き，さらに第4章親権，第5章後見，第6章保佐及び補助，第7章扶養と続く。最近では，第2章の婚姻適齢や第３章の特別養子について，重要な改正があった。

2　親族の概念

⑴　親族と親等

民法は，①６親等内の血族，②配偶者，③３親等内の姻族を「親族」とする（725条）。この親族の範囲設定は今日あまり意味を持たないが，まず一般常識として親等〔しんとう〕の数え方を知っておこう。親等は，親族間の世代数を数えて定める（726条①項）。したがって，自分と親は１親等，自分と祖父は２親等となる。親と子，祖父と子のように直系（家系図でいえばタテ一本）ならば簡単であるが，兄弟やいとこのような傍系（家系図でいえばヨコの線が入る）の場合は，共通の始祖にさかのぼって，その者にまで下る世代数を数える（726条②項）。したがって，兄弟の間は，兄―親―弟と２親等になり，いとこ（たとえば父の弟の子）の場合は，本人―父―祖父―父の弟―いとことなり，４親等ということになる。

⑵　血族と姻族

血族〔けつぞく〕とは，親子，兄弟などの，共通の始祖を持つ，いわゆる血のつながっている者の集まりをいう。また，養子（⇨本章Ⅲ３）と養親およびその血族との間には，養子縁組の日から，血族間におけるのと同一の親族関係が生じる（727条）。ただしこの親族関係は，離縁（養子縁組の解消）によって終了する（729条）。姻族〔いんぞく〕は，妻の妹，夫の母などの，婚姻〔こんいん〕（⇨本章Ⅲ１）によって関係のできた者の集まりをいう。したがって姻族関係は，離婚によって終了する（728条①項。夫婦の一方が死亡した場合において，生存している者が姻族関係を終了させる意思を表示した場合も同様である。同条②項）。なお，姻族の親等を数える際には，夫婦は一つの結合単位として考えればよい。

Ⅲ　親族法の重点学習

1　婚　　姻

(1)　婚姻の成立

婚姻（いわゆる結婚）については，法律婚主義といって，婚姻届を役所に届け出ることによって初めて夫婦と認められることになる（739条）。したがって，婚姻の成立には，まず当事者の間に婚姻をする意思があることが実質的成立要件として必要であり（婚姻もひとつの契約である），さらに形式的成立要件として婚姻届の提出・受理が必要ということになる。教会や神社などで式を上げ，盛大な披露宴をしても，婚姻届出をしていない夫婦は法律上は内縁という関係にすぎない。わが国では，**婚姻適齢**として，男は満18歳，女は満16歳にならなければ，婚姻をすることができないと規定されてきたが（731条），女性の婚姻適齢は，2022年４月１日施行の民法改正で，18歳に引き上げられる（同時に成年年齢も男女とも18歳と改正される。したがって，改正法施行後は，わが国では未成年者の婚姻というケースはなくなるわけである。これに伴い，これまで存在した，未成年者の婚姻の際には父母の同意を必要とする規定（737条①項）も削除される）。また重婚は禁止されている

(732条)。

その他，以前は，女性については前婚の解消または取消しの日から6カ月間の再婚禁止期間が定められていたが（旧733条①項，生まれた子について父親の決定に問題が起こらないようにするためである），このうち100日を超える部分については，2015年12月の最高裁大法廷判決が憲法違反とし，2016年に，再婚禁止期間は100日と改正された（さらに，再婚禁止期間内でも再婚できる場合について，733条②項で新たに規定された)。また，男女ともに一定の近親者との婚姻の禁止（734条①項等）が定められている。

なお，近親者との婚姻の禁止についてやや詳しく解説すると，まず直系血族（親子等）または3親等内の傍系血族（たとえば兄の子と弟など）の間の婚姻は禁止される（734条①項。したがって，たとえばいとこ同士は4親等なので婚姻できる)。養子と養親も，養子縁組の日から直系血族の関係が発生するので，同様に婚姻は許されない。ただし，養子と養親の子との間では婚姻できる（734条①項ただし書)。さらに，直系姻族の間（たとえばしゅうとと嫁）の婚姻も禁止されており，これは，夫婦の一方が死亡した場合において，生存している者が姻族関係を終了させる意思を表示した場合でも同様である（735条)。

(2) 夫婦の氏

現在の民法では，結婚するときには夫婦共通の氏（姓）を選ばなければならない。これを夫婦同氏の原則という（750条)。これは形式的には夫婦の平等に反するとはいえないが，現実には98％近い夫婦が夫の氏を選択している。現在では，婚姻後も夫婦各自が自己の氏を保持することを望む場合には夫婦別姓の選択を認めるという内容の法改正が検討されているがなかなか実現せず，2015年12月の最高裁大法廷判決も，（今後の議論の余地を残しつつ）750条を合憲とした。

(3) 夫婦財産制

夫婦は，婚姻における財産関係をいかにするかを契約で自由に決めることができるが（夫婦財産契約），日本民法においては，婚姻届出前に登記をしなければ夫婦の承継人および第三者に対抗することができず（756条），また婚姻届出以後には変更できない（758条①項）などの制約がある。そして，婚姻届出前に別段の契約をしなかったときは，民法の定める法定財産制の規定に従うことになる（755条）ので，わが国では法定財産制による場合が多い。

法定財産制による場合，婚姻前から有する財産および婚姻中自己の名において得た財産はその名義人（夫なら夫，妻なら妻）に固有の財産として帰属し，帰属不明の財産は夫婦の共有に属するものと推定される（762条。推定するというのは，法がとりあえずそう考えるということで，当事者が反対の証明をできれば，覆せる）。これは別産制といわれる。

また，婚姻費用つまり夫婦の生活費や未成熟子の養育費等については，夫婦は資産，収入その他一切を考慮してこれを分担する（婚姻費用分担義務。760条。婚姻費用といっても結婚式の費用のことではない）。

(4) 日常家事債務の連帯責任

なお，夫婦関係が対外的に財産法的色彩を帯びる場面として，日常家事債務の連帯責任の規定がある。民法761条は，夫婦の一方が日常の家事に関して第三者と法律行為をしたときは，他の一方は，これによって生じた債務について，連帯責任を負うと定めている（ただし，第三者に対し責任を負わない旨を予告した場合は，この限りでない）。夫婦の生活共同体を維持するために衣食住にわたって商品を購入したり金銭を借り入れたりする場合に，それに伴って夫婦の一方が負担した債務が，日常性と家事性を持つものであれば，債務の履行において夫婦が連帯責任を負うというのである。たとえば，妻の発生させた債務の履行について夫も責任を負うということになる。電気料金の支払債務，賃料（家賃）支払債務，家庭電化製品の代金支払債務等がこれにあたる。つまり，夫または妻の固有の債務というより，夫婦の生活共同体の債務というべきものについて，（生活共同体に債務を負わせることはできないので）他方の配偶者にも連帯責任を負わせて取引の相手方を保護する規定である。したがって日常家事債務に該当するものには当然限定があり，たとえば夫婦の一方の固有財産としての不動産を処分する行為は日常家事に該当しない。

⑸　夫婦間の契約

夫婦間でたとえば贈与などの契約をした場合，その契約は，婚姻中はいつでも夫婦の一方から取り消すことができる（754条）。夫婦間の契約の履行は法的に強制すべきものではなく愛情や道徳に任せるべきとする趣旨の規定とされるが，学説上批判も多い。

⑹　婚約と内縁

婚姻（結婚）を約束することを社会一般に婚約というが，婚約については民法には規定がない。したがって，その評価は判例・学説に任されている。婚約を将来の婚姻を予約する契約とみれば，その一方的な破棄は債務不履行（⇒第6章）ということになるし，また，その破棄を故意または過失によって他人に不当に（財産的にせよ精神的にせよ）損害を与えたものとみれば，不法行為（⇒第5章）ということになるので，いずれにしても勝手な一方的な破棄は損害賠償の対象となる。

婚約の成立には，何らの形式を必要としない。社会においてひろく結納ということが行われるが，これも慣習によるものであって，婚約がされたかどうかは，結納を交わしたかどうかによって判断されるものではない。結納は法律的には，婚約の成立を確証する一種の贈与と考えられる。通常は婚約の成立を前提にしてかつ将来の婚姻を目的として授受されるものであるから，婚約解消となれば返還の必要がある。一般には不当利得（⇒第5章）として返還請求することになるが，ただし判例によると，授与者の責任によって婚約解消となった場合は，返還請求をしえない。これは一種の制裁であり，結納によって授与された財産的利益が不法行為の損害賠償としてそのまま相手に保持されると考えてもよい（結納で与えられた財産価値よりも大きな損害が発生していれば別途賠償請求することもできる）。

内縁という言葉も法典上に規定のある用語ではない。1組の男女が婚姻届を出さずに生活共同体を形成している場合（一緒に暮らして家計等を共にしているような場合）の中で，婚姻届を出していないけれども婚姻の意思がある，というものを一般に**内縁**と呼んでいる（婚姻の意思がない場合は単なる同棲という評価になろう）。法律婚主義を採っている以上，実質上は婚姻関係にあるような生活をしていても，婚姻届が出されていなければこの内縁であり，当事者は法的な保護を受けられない。それでは問題があるというので，判例・学説は，内縁の当事者の法的な保護に務めてきた。今日の学説は，内縁を婚姻に準じた関係ととらえ，その破棄を不法行為と構成すべきという主張をしている（準婚理論）。具体的にいえば，届出を欠く内縁には，戸籍と結びつく婚姻の効果を認めることはできないが，共同生活に基づく効果として，同居協力扶助義務，婚姻費用分担義務，日常家事債務の連帯責任，財産分与などは類推されるという見解が強い。

2　離　　婚

(1)　離婚の手続

夫婦関係がうまくいかなくなった場合には離婚の問題が起こるが，日本民法では，当事者の合意だけで離婚しうる**協議離婚**（763条）と，裁判所で認めてもらう裁判離婚の双方が定められており，**裁判離婚**については，離婚が認められるためには不貞，悪意の遺棄等の離婚原因が必要であるが，婚姻を継続しがたい重大な事由があるときも離婚原因として認められている（770条）。この点で，昭和62（1987）年の最高裁大法廷判決は，有責者，つまり離婚紛争を作った責任のある側からの離婚請求も認められるとした。なお，上記の２つ以外に，家庭裁判所での調停離婚，審判離婚の手続きも定められている。

(2)　財 産 分 与

離婚した当事者の一方は，他方に対し財産分与を請求することができ，当事者間で協議が調わないときは，家庭裁判所が分与の可否，分与額等を定める（768条）。裁判所はその際には，夫婦が協力して取得した財産の額その他一切の事情を斟酌する。

なお，この財産分与と慰謝料の関係が問題になる。離婚の慰謝料は，財産分与に含まれる場合もあると考えられるが，判例は，すでに財産分与が行われた場合でも，それが損害賠償の要素を含めたものと解されないか，その額および方法において請求者の精神的苦痛を慰謝するに足りないと認められるときは，別個に慰謝料を請求することができるとしている。

さらに，協議による財産分与の場合には，たとえば夫が債権者の追及を逃れるために離婚して妻に財産分与をして実質的な財産隠しをする場合がある。したがって，その分与額が民法768条の趣旨に反して不相当に過大であり，財産分与に仮託してされた財産処分であると認められる特段の事情のある場合は，その全部または一部について詐害行為取消権（424条）の対象となりうると考えられている。

3　親子と養子

(1)　親　　子

親子関係についていえば，婚姻届を出している法律上の夫婦の間に生まれた子は**嫡出子**〔ちゃくしゅつし〕と呼ばれ（後述の772条は，父性推定と嫡出性推定を定めたものとされる），届を出していない男女の間に生まれた子は非嫡出子と呼ばれる。かつてはこの両者には，相続分（相続分については後述のⅢ 2参照）について差が設けられていたが，平成25（2013）年の法改正によって平等化された。

実親子関係つまりこの父母から生まれた子という自然血縁関係につ

いては，母子の場合は分娩という事実によって容易に証明できる場合がほとんどであるが，父子関係は確認が容易でない場合も多い。772条①項は，妻が婚姻中に懐胎した子は，夫の子と推定すると定めている。この推定は，法律の定める特別の手続（夫による嫡出否認，774条）によってのみ，覆すことができる。また，逆に子が出生した時に母が婚姻していなかった場合に，**認知**という制度を設けている。父であるという者が自ら任意で父子関係を認めるのが任意認知であり，この場合認知した者が父と推定される（779条。条文は母の認知も規定するが，これは棄児や迷子などのように，母や懐胎・分娩の事実を立証しえない特殊な場合のための規定である）。また，子，その直系卑属またはこれらの者の法定代理人は，認知の訴えを提訴して父子関係を裁判上で確認してもらうこともできる（787条。強制認知という）。

非嫡出子に嫡出子の身分を与えることを**準正**という。これには，父が認知した子が，その父母の婚姻によって嫡出子たる身分を取得する場合（789条①項）と，婚姻中の父母が認知をした子が，その認知の時から嫡出子たる身分を取得する場合（789条②項）がある。

⑵　養　　子

血のつながりのない他人の子を，当事者の合意で法律上自分の子とする制度が養子である（792条）。養子は嫡出子の身分を取得するが，養子のもともとの父母やその親族との親族関係は断絶しないので，養子は４人の親を持つことになる（実親の財産の相続権もある⇨第**9**章Ⅱ１⑴）。けれども，中には生まれたばかりの他人の幼児を自分の子として育てたい，そして実の親との親族関係は消滅させたい，という希望もあるので，それをかなえるために，日本でも昭和62（1987）年に**特別養子**の制度が定められた（民法817条の２以下）。これは，原則として15歳未満の子について，家庭裁判所の審判によって養子縁組を成立させるものである（2020年４月１日施行の民法改正法817条の５①項前段。これは，それまでの６歳未満という規定を大幅に引き上げたものである。さらに例外的にいくつかの条件を満たせば18歳未満まで認められる。同条①項後段）。特別養子の場合は，養子と実親の関係はなくなり（相続権もなくなる），戸籍の記載についても，通常の養子と異なる記載方法が採用され，養子であることを容易には知りえないように工夫されている（なお，出生直後の他人の子を自分の子として届け出るいわゆる「わらの上からの養子」については，出生届は無効で実親子関係は生じないが，養子縁組の届出として認めようとする学説や下級審判決がある。しかし最高裁はこれを認めていない）。

一般の養子縁組による養親子関係は，**離縁**によって終了させることができる（これに対して，特別養子縁組によって創設された特別養親子関係を離縁によって解消することは，原則として認められていない。817条の10②項。特別養子縁組は，その当事者間に実親子同様の関係を作ろうとするものだからである）。離縁についての基本的な考え方は，離婚の場合のそれと同様に，協議離縁と裁判離縁がある。また，縁組の当事者の一方が死亡した後に生存している当事者が離縁しようとするときは，家庭裁判所の許可を得て，することができる（811条⑥項。死後離縁といわれる）。

4　親権・後見・保佐・補助

(1) 概　　説

現代の家族法の課題は，子の保護，配偶者の保護とともに，家族内の高齢者の保護にある。高齢化社会を迎えて，後見や保佐の問題が新たな観点から問い直されようとしている（これがいわゆる成年後見の問題であり，この点については民法の改正が1999年12月になされ，2000年4月から施行された。そこでは，本人の意思や自己決定権の尊重，さらに障害のある人も家庭や地域で通常の生活をすることができる社会を作ろうとするノーマライゼーションの理念も考慮されている)。

(2) 親　　権

① **親権と親権者**　成年に達しない子は，親権に服する（818条)。つまり，親の監護教育や財産管理に服するということである。なお，これまでは，未成年の子は婚姻により成年に達したものとみなされ（753条)，その場合には親権から離脱することになるという制度があったが（成年擬制)，既に述べたように，2022年4月1日施行の民法改正で，成年年齢は男女とも18歳と改正され，かつ女性の婚姻適齢は18歳に引き上げられるので，未成年者の婚姻という状況はなくなり，この規定も削除される。

親権を持つ者（親権者）は，未成年者の父母である（818条①項)。実親だけでなく，養親も親権を有する（818条②項)。養親が親権を有する場合には，実親は親権者でなくなるのか，それとも養親の親権が優先するに過ぎないのかについては学説が分かれる。また，すべての父母が親権者になれるわけではなく，父または母自身も未成年者であるときは，父または母の親権者（または後見人）が代わって親権を行う（833条，867条①項）。明文規定はないが，父または母が旧法の禁治産者（本書29頁参照）であるときは，親権を行うことができないというのが多数説であった（判例は旧法の準禁治産者についても否定的に解してきた）。

②　**親権の内容**　　親権の内容は，第1が**身上監護**（看護と書き間違えないように）つまり監督保護と教育を行うことであり，これは親の権利であり義務である（820条）。またその第2が**財産管理**，すなわち子の財産を管理しその財産に関する法律行為についてその子を代表するということである（財産管理権。824条）。ただし，その子の行為を目的とする債務を生ずべき場合には，本人の同意を得なければならない（同条。たとえば子供のテレビドラマ出演について親が子供の同意なしに契約してはいけないということである）。824条は「代表する」という表現をしているが，これは「代理」と同義に解してよい。つまり，親権者は子の法定代理人（代理権授与契約による代理人ではなく，法が代理人としての地位を与えているもの）である。親権者は，子のすべての財産について管理権を有するのが原則であるが，親権者が目的を定めて処分を許した財産（5条）および営業の許可を受けた子が管理する営業財産（6条）については，親権者の管理権は及ばない。

③　**利益相反行為**　　たとえば，子の財産を親権者に贈与する行為は，親権者には利益になるが，子には不利益をもたらす。このように，親権を行う父または母とその子の利益が相反する行為を利益相反行為〔りえきそうはんこうい〕という。この利益相反行為については，親権を行う者は，その子のために特別代理人を選任することを家庭裁

判所に請求しなければならない（826条①項）。子が複数いて，その1人と他の子との利益が相反する場合も同じである（826条②項）。

④　**親権の喪失と停止**　　2011年には，児童虐待防止の観点から，父母による虐待または悪意の遺棄など，子の利益を著しく害する親権の行使がある場合には親権を喪失させうる親権喪失の審判の制度（834条）と，親権の行使が困難または不適当で子の利益を害するときは2年以内の期間に限って親権を制限することができる親権停止の審判の制度（834条の2）が創設された。

⑶　後見と保佐と補助

①　**意義**　　後見とは，親権による保護を受けることのできない未成年者と，成年被後見人（旧法の禁治産者）を保護するために設けられている制度である。後見の職務を行う者を後見人という。したがって，未成年者にはまず親権者が法定代理人としてつき，親権者のいない場合または親権者が管理権を持たない場合に未成年後見人がつく。後見人も法定代理人である。成年被後見人には必ず成年後見人がつく。また，後見人を監督する後見監督人というものも置くことができる（848条以下）。これに対して保佐は，被保佐人（旧法の準禁治産者）を保護するための制度であり，その職務を行う者を保佐人という。注意したいことは，保佐人は，旧法では，旧法の準禁治産者が一定の行為をする際に同意を与えるだけの権限しかなかったが，新法では被保佐人が同意を得ずにした行為に対する取消権も持ち，さらに当事者が選択した特定の行為については代理権も与えられるようになった。なお，新法では，旧法で保護の対象とならなかった軽度の精神上の障害

により判断能力が不十分な人々を対象とする補助の制度も新設された(以上については民法総則の記述も参照⇒第2章Ⅲ2(3))。

②　**後見の開始**　　後見は，未成年者に対して親権を行う者がないときもしくは親権を行う者が財産管理権を有しないときに，または，成年被後見人について後見開始の審判があったときに，開始する(838条)。

③　**後見人・後見監督人の選任**　　未成年後見人は，親権を最後に行う者が遺言で指定することができる。また，親権を行う父母の一方が管理権を有しないときは，他の一方が未成年後見人を指定することができる（839条)。これらの指定がなかったときは，家庭裁判所が未成年被後見人またはその親族その他の利害関係人の請求によって未成年後見人を選任する（840条)。成年後見人のほうは，家庭裁判所が，後見開始の審判をするときに，職権で選任する。そして，成年後見人が選任されている場合でも，必要があると認めるときは，成年被後見人もしくはその親族その他の利害関係人もしくは成年後見人自身の請求によって，または職権で，さらに成年後見人を選任することができる（843条)。後見監督人の選任方法については，未成年後見監督人は未成年後見人を指定できる者の指定または家庭裁判所の選任による。成年後見監督人は家庭裁判所の選任による（848条以下)。

④　**後見人・後見監督人の職務**　　未成年後見人は親権者とほとんど同一の職務を有するが，若干の制限がある（857条)。成年後見人の職務は，成年被後見人の生活と療養看護に関する事務と，法定代理人として成年被後見人の財産を管理すること（858条，859条）である。それらにあたっては，成年被後見人の意思を尊重するべきことが新法

で追加された（858条）。さらに，成年後見人が郵便物の管理を行える規定（860条の２）も最近新設されている。後見監督人の職務は，後見人の事務を監督すること，後見人が欠けた場合に，遅滞なくその選任を家庭裁判所に請求すること，等である（851条）。

⑤　**保佐人・補助人の職務**　保佐人は，被保佐人が一定の行為（不動産などの売買とか，保証や贈与をしたり家の新築・改築をする等）をする際に，同意する権限を有している（13条）。さらに取消権，特定行為の代理権も与えられた（⇨第**2**章Ⅲ２(3)参照）。新設の補助の制度の場合も，当事者が選択した特定の法律行為について，補助人に同意権・取消権または代理権を付与することができる（⇨第**2**章Ⅲ２(3)参照）。

第9章　相　続　法

I　相続法の概観

1　相続のしくみ

(1)　相続による権利・義務の承継

人は死亡すれば権利能力を失う。つまり，所有権者でも債権者でもなくなる。そこで，個人の資産については，それらの権利が誰か新しい権利者に承継されることを考えなければならない。また，債務についても，新しい債務者に承継されなければ，債権者の安全が図れない。それらの承継のルールを定めるのが相続法である。死者の権利・義務を承継することになる人を相続人，相続される人（死者）を被相続人と呼ぶ。

(2)　遺言相続と法定相続

相続の基本的なルールは二つある。一つが，遺言相続である。意思自治，私的自治の原則の帰結として，人は，自己の死亡後の財産のあり方についても，原則として自由に決定することができる。その方法が，単独行為としての遺言である。そこで遺言者はたとえば全財産を誰か血縁のない人に贈与したりどこかに寄付するという内容の遺言もできるわけだが，日本では，後述する遺留分〔いりゅうぶん〕という制度を置いて，一定の制限を加えている（遺言者の親，配偶者，子などは，遺産の一定割合について経済的な保護を保障される)。

もう一つが，死者の財産を一定の親族に一定の割合で配分することを法律が定める法定相続である。日本民法では，遺言相続と法定相続の両者を認めている。そのいずれを原則と考えるべきかは，学説上争いがあり，意思自治の観点から遺言相続こそが原則であり，遺言による指定がない場合に補充的に法定相続となるという見解も強い。しかしわが国の実際としては，遺言書が作成されることはまだそれほど多くないので，法定相続が一見原則のように見え，法定相続通りの分配を望まない場合に遺言が作成されるという一般の認識がある。

(3)　相続の効力

相続人は，相続開始の時から，被相続人の財産に属した一切の権利義務を承継する（896条）。ただし，被相続人の一身に専属したもの（その人自身にしか帰属しない権利・義務）は除かれる。一身専属の権利というのは，扶養請求権や生活保護受給権などのようなものであり，一身専属の義務には，身元保証契約における保証債務などがある。相続人が複数いれば，相続財産はそれらの者の共有となり（898条），各共同相続人は各自の相続分に応じて被相続人の権利義務を承継する（899条）。

(4)　平成30（2018）年の相続法改正

日本民法第５編相続は，平成30（2018）年７月に，遺言，法定相続，遺産分割，配偶者の居住確保等を中心とした，かなりの改正を受けるに至った。これらは，社会の少子化・高齢化に対応する施策である。これからの相続法の学習では，このような社会の傾向に留意したい。

Ⅱ 相続法の重点学習

1 法定相続

(1) 法定相続人

被相続人の死亡という事実の発生により，法の予定した者が承継者になるのが法定相続である（相続開始時は被相続人の死亡時である。882条）。その法の定める承継者たる相続人（法定相続人）となるのは誰か。まず，被相続人に**配偶者**（つまり夫が被相続人の場合は妻）がいればその者は常に相続人となり（890条），以下の血族相続人と同順位で相続する（ただし，婚姻届を出していない内縁配偶者には相続権は認められていない）。そして，血族相続人には順位がつけられており，第1順位は，もちろん被相続人の子である（887条①項）。被相続人の子が，相続開始前に（つまり被相続人の死亡より先に）死亡した場合などは，その者の子（つまり被相続人の孫）以下の**直系卑属**（子，孫のように被相続人から直線的につながる後の世代の血族）が代わりに相続人となる（**代襲相続**という。887条②項）。なお民法は，胎児は，相続については既に生まれたものとみなすと規定して，胎児の相続権を肯定している（886条①項。ただし死産であったときはこの規定は適用されない。同条②項）。被相続人に子や孫がなかった場合には，以下の順序で相続人となる。まず第2順位が**直系尊属**（父母，祖父母のように被相続人から直線的につながる前の世代の血族。ただし，ここでは父母がいれば祖父母に優先する），次いで第3順位が被相続人の兄弟姉妹である。したがって血族相続人については，子（またはその直系卑属）がいれば親などの直系尊属は相続人にならず，さらにそれらが全くいないときにはじめて兄弟姉妹（またはその直系卑属）が相続人となりうること（889条）に注意したい。

なお，故意に被相続人を死に至らせようとしたために刑罰を受けたり，詐欺や強迫によって被相続人に遺言をさせたりした者は，相続人となることができない（**相続人の欠格事由**。891条）。また，後述する遺留分を持つ，相続人となることを推定される者（前項に述べた第2順位までの者）が被相続人を虐待したり著しい非行があったときには，被相続人はその推定相続人を相続人としないことを家庭裁判所に請求できる（**相続人の廃除**。892条）。

⑵　法定相続分

民法900条は，同順位の法定相続人が数人いる場合の相続分を以下のように規定する。①配偶者と子の場合は，2分の1ずつ。子が2人いれば，子の相続分2分の1をさらに均等に分けて（半分ずつにして）子は各人4分の1ということになる。②配偶者と直系尊属の場合は，配偶者が3分の2，直系尊属が3分の1。直系尊属が複数いる場合は，直系尊属の相続分を均等に分ける。③配偶者と兄弟姉妹の場合は，配偶者が4分の3，兄弟姉妹が4分の1。兄弟姉妹が複数いる場合は，兄弟姉妹の相続分を均等に分ける。④父母の一方のみを同じくする兄弟姉妹の相続分は，父母の双方を同じくする兄弟姉妹の2分の1とする（嫡出でない子の相続分を嫡出子の2分の1とする規定があったが，平成25（2013）年に削除されている）。

Key word　配偶者の相続分

配偶者の相続分は，昭和55年の民法改正による現行規定では，それまで（昭和22年の規定）よりも増加した。前頁の本文にも記述したが，表にすると以下のようになる。

第１順位の血族相続人との共同相続	配偶者	$\frac{1}{2}$
	子	$\frac{1}{2}$
第２順位の血族相続人との共同相続	配偶者	$\frac{2}{3}$
	直系尊属	$\frac{1}{3}$
第３順位の血族相続人との共同相続	配偶者	$\frac{3}{4}$
	兄弟姉妹	$\frac{1}{4}$

民法901条は，代襲〔だいしゅう〕相続人の相続分について，887条②項③項の規定によって直系卑属が代襲相続人となる場合（つまり相続人である子が死亡している場合の孫など）は，その直系尊属が受けるべきであったものと同じとする。ただし直系卑属が数人いる場合は，その各自の直系尊属が受けるべきであった部分について，900条の規定にしたがって相続分を定めるとする（901条①項。つまり孫が複数人いれば，死亡した子の相続分を頭割りするということである）。889条②項の規定によって兄弟姉妹の子が代襲相続人となる場合（つまり兄弟姉妹が相続人となれるはずのケースですでに死亡している場合のそれらの者の子）についても同様である（901条②項）。

(3)　指定相続分

民法902条は，被相続人は，前２条の規定にかかわらず，遺言で，共同相続人の相続分を定め，またはこれを定めることを第三者に委託することができるとする（902条①項。ただし遺留分については，この後の４遺言相続(5)参照）。また，被相続人が，共同相続人中の１人もしくは数人の相続分のみを定め，またはこれを定めさせたときは，他の（相続分の指定されなかった）共同相続人の相続分は，前２条の規定によって定めると規定する（902条②項）。

(4)　相続人間の公平

①　**特別受益者の相続分**　　法定相続人が複数いる場合に，その中に一部，被相続人から生前に特別な贈与を受けたり，後述する遺贈を受けたりした者がある場合には，それらを相続分の前渡しとみて，計算上それらを相続財産に持ち戻して相続分の計算をする（受益をした分はその者の相続分から控除する）ことが定められている。これが特別受益の持ち戻しの制度である（903条）。特別受益と考えられるのは，たとえば他の相続人に比べて高額な学費援助や，結婚時の不動産贈与等を受けた場合である。ただし，平成30（2018）年改正法は，婚姻期間が20年以上の夫婦の一方である被相続人が，配偶者に対し，居住用不動産（建物またはその敷地）について遺贈または贈与をしたときは，上記の持ち戻しを免除する意思表示があったと推定する趣旨の規定を新設した（改正法903条④項）。相手方配偶者の老後の生活保障の観点から配慮された規定である（2019年７月１日施行）。

②　**寄与分**　　さらに，共同相続人の中に被相続人の事業に関する

労務の提供や被相続人の介護等，特別な貢献をして被相続人の財産の維持または増加について寄与した者がある場合にも，それらを相続分の計算に反映させることが公平である。この見地から昭和55年に追加されたのが，寄与分の規定である（904条の２）。こうした寄与がある場合は，共同相続人の協議または家庭裁判所の審判によって金銭的に評価され，寄与分額だけ相続分の増額が認められる。

③　**特別寄与者制度の創設**　　これに対して，共同相続人以外の者（たとえば相続人の配偶者など）には，被相続人のために貢献しても，上記の寄与分のように貢献に報いる制度はなかった。たとえば，ＡとＢの夫婦にＣとＤの二名の子があり，Ｂが死亡して，Ｄは別居していて，高齢のＡの世話はもっぱらＣの妻Ｅが行っていたような場合に，Ｃが死亡してなおＡの世話を続けていたＥは，その後Ａが死亡した場合には，Ｄのみが相続人となり，何らＡの遺産で報われることがない。また，後述の特別縁故者への財産分与制度（958条の３）は，一人でも相続人がいる場合には使えない。それで，平成30年改正では，民法相続編の末尾に第10章「特別の寄与」として1050条を新設して，相続人がある場合であっても，「被相続人に対して無償で療養看護その他の労務の提供をしたことにより被相続人の財産の維持又は増加について特別の寄与をした被相続人の親族」（特別寄与者）の貢献に法的に報いる，特別寄与料の支払請求ができる制度を創設した。これによって上記のＥは，相続の開始後，相続人Ｄに対して，寄与の程度に応じた額の金銭（特別寄与料）の支払いを請求できることになった。

2　相続の放棄と承認

相続は，死者の全財産関係の承継である（包括承継という）。そうすると，死者が生前に負債を負っていた場合にはその負債も相続財産に入っている。場合によっては，負債のほうがプラスの財産より多い場合もある。このような場合も，相続人とされた者は相続をしなければいけないのか。個人の意思による自治の観点からすれば，相続人に自己決定の機会も与えるべきである。そこで民法は，相続人に，①財産の承継を全面的に拒否すること（**相続放棄**），あるいは②全面的に受け入れること（**単純承認**），さらには③相続したプラスの財産の限度でマイナスの債務等に弁済の責任を負うこと（**限定承認**）のいずれかを選択することを認めている（プラスの財産だけを相続して負債は負わないという選択はできないのはもちろんである）。相続人は，自分のために相続の開始があったことを知った時から３カ月（熟慮期間とよばれる）以内に，この選択をしなければならない（915条①項）。

①　**相続放棄**　　相続の放棄は，家庭裁判所に申述しなければならないが（938条），放棄をした者は，最初から相続人とならなかったものとみなされる（939条）。

②　**単純承認**　　単純承認した場合には，無限に被相続人の権利義務を承継する（920条）。相続人が相続財産の全部または一部を処分した場合や，相続開始を知った時から３カ月以内に放棄や限定承認をしなかった場合などは，この単純承認をしたものとみなされる（921条）。

③　**限定承認**　　限定承認は，相続開始を知った時から３カ月以内

に，財産目録を調製して家庭裁判所に提出し，限定承認をする旨を申述しなければならない（924条）。なお，相続人が数人あるときは，限定承認はそれらの共同相続人の全員が共同してのみ，することができる（923条）。そうでないと法律関係が錯綜してしまうからで，共同相続人の中に１人でも放棄や単純承認を主張する者がいれば限定承認はできない（もっとも，他の共同相続人が全員相続放棄をすれば，１人だけ残った者は限定承認をしてもよい）。

3 遺産分割

相続人が複数いる場合，相続財産はそれらの共同相続人にいったん共有的に帰属する。これらの相続財産の最終的な移転の手続きが遺産分割である。遺産分割には，協議分割と裁判分割の２種がある（907条）。相続をめぐる紛争事例の多数はこの遺産分割の段階で起こる。もちろん相続人相互の協議が調えば，たとえば共同相続した一筆の土地をそのまま分割せずに相続分に従った持分で共有としてもよい。被相続人は後述する遺言で遺産分割の方法を指定することもできる（908条）。裁判分割は，家庭裁判所の審判手続によって行われる。

4 遺言相続

(1) 遺言の方式

遺言（一般には「ゆいごん」と呼ばれるが，法律家は「いごん」と言うことが多い）は，遺言者が死亡した時から効力を生じるわけだから（985条），民法は，死者の最終意思が正確に把握できるように，そして他人が偽造できないように，遺言に厳格な方式を要求している（民法に

なり，完全な所有権を享受することになる。

⑶　配偶者短期居住権

配偶者短期居住権というのは，共同相続人間で遺産分割となるケースで，配偶者は，相続開始の時に被相続人所有の建物に無償で居住していた場合には，遺産分割によりその建物の帰属が確定するまでの間または相続開始の時から６カ月を経過する日のいずれか遅い日までの間，引き続き無償でその建物を使用することができるというものである（新1037条）。改正前の判例法理では，共同相続人の一人が相続開始時に被相続人の建物に居住していた場合には，原則として，被相続人と当該相続人との間で使用貸借契約が成立していたと推認していた。しかしこの判例法理では，第三者に居住建物が遺贈されてしまった場合や被相続人が反対の意思を表示した場合は，使用貸借が推認されず，居住自体が保護されないという問題点があった。したがって，この配偶者短期居住権の規定によって，配偶者は，被相続人の意思等にかかわらず，最低６カ月は居住を継続できることになった。

６　遺　留　分

民法は，遺留分という制度を置いて，遺言の自由に一定の制限を加えている。個人意思の尊重に基づけば，生前処分も死後処分も自由に行うことが認められてよいのであるが，死者に扶養されていた家族など，法定相続人の財産承継の期待も保護されるべきである。そこで，相続財産の一定割合を遺留分として相続人に保障されるものとしたのである。ただ，遺留分の保障といっても，たとえ全財産の遺贈や死亡直前の贈与がなされても，その遺贈や贈与が無効となるわけではない。遺留分を侵害された遺留分権利者は，**遺留分侵害額請求**を行うことによって，遺留分を侵害する限度で相当する金銭の請求をすることができるのである（新1046条。平成30年改正前は，遺留分権利者が遺留分を侵害する部分の遺贈や生前贈与を否定できる規定になっていたが，改正によって，それらを否定できるわけではなく，その分を金銭で請求できるということになった。そのため，改正前の1031条の遺留分減殺〔げんさい〕請求という用語が，遺留分侵害額請求に変わっている）。

遺留分が認められる遺留分権利者は，法定相続人のうち兄弟姉妹以外の者である。遺留分の割合は，直系尊属のみが相続人となる場合は相続財産の３分の１で，これ以外の場合（配偶者や直系卑属などがいる場合）相続財産の２分の１である（1042条）。各遺留分権利者の個別的遺留分は，これに各人の法定相続分を乗じて計算する。たとえば，配偶者と子２人という場合は，まず相続財産の２分の１が総体的遺留分となり，その総体的遺留分の２分の１が配偶者に，残りの２分の１が子２人に配分され，さらに子は各人がそれを２分の１に分けて取得しうることになる。

ここで注意すべきは，遺留分算定の基礎となる財産には，相続開始前の１年間にされた生前贈与によって流出した財産も含まれる（贈与の当事者双方が遺留分権利者を害することを知っていながらした贈与の場合には１年より前にしたものでも含まれる）ということである（1044条）。そうしないと，死亡直前の贈与によって遺留分制度が骨抜きにされる可能性があるからである。こうして死亡時（相続開始時）の財産の一定の贈与された財産の価額を加え，その中から債務の全額を控除して，遺留分算定の基礎となる財産が定まる（1043条①項）。

なお，遺留分の侵害額請求権は，遺留分権利者が，相続の開始および遺留分を侵害する贈与または遺贈があったことを知った時から１年間行使しないときは，時効によって消滅する。相続の開始の時から10年を経過したときも，同様である（1048条）。

7　財 産 分 離

相続財産に対する債権者（被相続人に債権を有していた者）または遺贈によって被相続人から財産を受ける受遺者は，（相続人自身が負債を負っている場合）それらの財産が相続人の財産と混同してしまって給付が受けられなくなることを防ぐために，相続開始の時から３カ月以内に，相続人の財産の中から相続財産を分離することを家庭裁判所に請求することができる（第一種財産分離という。941条①項）。そして財産分離の請求をした者は，その相続財産について，相続人の債権者に先立って弁済を受けることができるのである（942条）。逆に，相続人の債権者も，（相続人がマイナスの財産を相続して資産状態が悪化する場合を考えて）この財産分離を請求して自己の債権の回収を確保しようとすることができる（第二種財産分離という。950条）。

8　相続人の不存在

相続人が存在することが明らかではないときは，相続財産は，法人（相続財産法人）とされる（951条）。この場合には，家庭裁判所は，利害関係人または検察官の請求によって，相続財産の管理人を選任しなければならない（952条①項。これら相続財産管理人には，不在者の財産管理人の規定が準用される。953条)。管理人が選任されたことが家庭裁判所によって公告されても相続人がみつからない場合は，管理人は，すべての相続債権者や受遺者に，請求の申出をするよう公告しなければならない（957条)。また家庭裁判所は，管理人または検察官の請求によって，相続人捜索の公告をする（958条)。それでも相続人がみつからない場合に，家庭裁判所は，被相続人と生計を同じくしていた者，被相続人の療養看護に努めた者，その他被相続人と特別の縁故があった者の請求によって，それらの者に，清算後も残存する相続財産の全部または一部を与えることができる（**特別縁故者**への相続財産分与。958条の3)。その特別縁故者もいなかったような場合には，残った相続財産は，国庫に帰属することになる（959条)。

なお，この特別縁故者への相続財産分与と，平成30年改正で新設された特別寄与者制度とを混同しないように注意したい。既に述べた特別寄与者制度（新1050条，本章Ⅱ1⑷③参照）は，他に相続人がいる時に，共同相続人になれない，無償で療養看護等をしてきたような親族を保護するための制度である。一方この特別縁故者への財産分与は，相続人が一人もいないときに使われるものである。

第 10 章　学習アドバイス

I　幕を下ろす前に

前章までで民法全体の一応の概観を終えた。ここまで読み通して下さった読者の皆さんとお別れする前に，私としては，自分なりにたくわえてきた民法学習のノウハウや，より高度な学習に入っていくためのアドバイスを，皆さんのために書き加えておきたい。内容は，読者の皆さんのレベルに合わせて，初級者のためのアドバイスと中級者のためのアドバイスに分けて書いてあるが，ご自分がそのいずれに入るとしても，とりあえず両方を読んでいただくと良いと思う。

II　初級者のための民法学習アドバイス

1　学習方法

これから，読者の皆さんには，ここまでで得た知識を生かして，後に掲げるような教科書などによって，より詳しい学習に入っていっていただきたい。ここには，まずそのための予備知識を書いておこう。

(1)　法律学は理解の学問

特に資格試験をめざす人たちの中に目立つのだが，法律学の勉強を始める場合に，とにかく最初の頁から暗記してかかろうとする人がいる。これは学習の方法として誤っている。法律学は，暗記の学問ではない。ひととおりの学習を終え，試験に臨むために知識をまとめて整は大変困ったことになるのである。私はそういう人には法律を職業としてほしくない。感性の豊かな人，相手の気持ちがわかり，他人の幸福に思いを致すことができる人，そういう人こそが良い法律家になれる。感性的人間にこそ，論理性を身に着けて法律学を学んでほしいのである。

4　理学や工学を学ぶ読者へ

たとえば，ある法律に，社会的必要から新しい条文をひとつ足すことになったとしよう。場所は36条と37条の間だとする。理学や工学，ことに理学を学ぶ人の多数派のセンスからすれば，新しい条文を37条にし，現在の37条以下はひとつずつ繰り下げることにするだろう。しかし法律の世界では，多くの場合，そうはしない。新しい条文を「36条の２」として，37条以下の条文番号はそのままにする。数学をやっている人たちには，美しくないと言われるだろうし，コンピューターを専攻する人たちには，データのカラム数が混乱すると批判されそうである。しかし，たとえば民法のように長い歴史を持って使われている法律の場合は，全体に大きく作り直す場合ならともかく，数か条を足すのであれば，上のように「枝番」〔えだばん〕というやり方で条文を増やし，あとの条文番号に影響が及ばないようにする。それは，学者だけでなく弁護士や企業法務の人たちも，第何条というだけでその内容を覚えているような使用頻度の高い条文もあるので，それらの番号が全部変わると仕事に支障をきたしたり情報が混乱したりするからである。これが文系の考える「社会的合理性」なのである（この点，管理工学などを学んでいる諸君は，使い勝手等を勘案する議論に慣れているかと思うので，こういう話に違和感がないかと思う)。

それに加えて，法律学には，常に「ああするべき，こうするべき」という社会的規範の部分がある。したがって，最適の解が常にひとつに決まるということでもないのである。こういうセンスの違いを理解していただけると，法律の学習はよりスムーズに進むと思う。

5　医学を学ぶ読者へ

私は，医学を学ぶ人たちは，かなり法律学の構造や考え方を理解しやすいのではないかと考えている。それは，医学が理系的側面とそれ以上に文系的側面の両方を持っているからというだけはない。医療と法律上の紛争解決（ことに民事紛争の解決）とが非常に似通った内容をもっているからである。たとえば，出血をしている患者が運ばれてきたとしよう。医師は，まずとにかく止血をしてから，病気の原因に対して治療をするであろう，法律でも，まず現状を固定しておいて（民事保全法による仮差押えや仮処分)，実体法（民法や会社法など）について本来の権利の有無を争うのである。また医師は，手術や治療の仕方についても，一番はっきり効き目のあるやり方を採用するのがいいか，患者に負担がなく最終的に幸福感をもてる方法を採用するか，等を考えることがあろう。法律の場合もまた同様なのである。さらにいえば，法律学の分野には，法哲学や法制史などの，基礎法分野と呼ばれるものと，民法，商法などの実定法分野と呼ばれるものがあり，これが大まかに言うと医学における基礎と臨床に対応するともいえる。

私は医学のカリキュラムに詳しいわけではないが，本書で学ぶ民法は，どこの法学部でも一番大きい履修単位を与えられていて，かつそ

⑴　全体把握のための入門書

民法の全体像をもう一歩深く学習したいという人は，本書よりも詳しいもので，一冊で民法全部を概説するものを選ぶことになるが，とにかく現状では，2017，2018，2019と続いた民法の財産法・家族法の改正全部に対応した入門書を選ぶ必要がある。しかし，現時点では，まだその中で評価が定まったものを推薦する状況にはない。次の版あたりで具体的な書名を挙げられればと考えている。

⑵　標準的民法テキスト

本格的な民法の勉強を始めるための一段上の（標準的な）民法テキストとしては，たとえば，民法総則，物権法，債権各論，債権総論，親族・相続法というように，民法全体を５冊くらいで構成するシリーズが一般的である。以前は有斐閣のＳシリーズを紹介していたのだが，これも著者の世代交代の時期に差し掛かっており，いくつかの法律出版社の新しいシリーズで評価が定まってきたあたりで紹介したい。ただ，自宅での独習などのためには，単に内容を説明するだけでなく，学習上のノウハウやキーポイントを示しているようなテキストが望ましい。自著を挙げて恐縮だが，一冊で債権法（債権各論と債権総論）をカバーするもので，そのような配慮を試みている例として，池田真朗『スタートライン債権法（第７版）』（日本評論社，2020年）を挙げておこう。

⑶　補助教材

民法に関する登記簿等の資料や契約書ひな型等を収録し，解説を付

したものとしては，

⑨　池田真朗編著『民法 Visual Materials〔第２版〕』(2017年，有斐閣)

がある。法律学は，登記簿のどこに何が書いてあるなどということを知ってリアリティのある学習をすることが大切なので，そのためにぜひ活用をお薦めしたい。

Ⅲ　中級者のための民法学習アドバイス

1　民法学習のノウハウ

以下は，これから民法学習の中級者となっていく人たちのための，少し主観的なアドバイスである。

⑴　相手の立場に立って物事を考えよ

民法においては，当事者の利益のバランスを考えることが重要である。たとえば，ＡＢ間の契約において，Ａの利益になることは，ほとんどの場合，Ｂの不利益になる。そこで民法は，さまざまな社会の紛争類型における当事者の公平を大きな目的とし，どのようにしてその公平を図るかを工夫したり，その判断の尺度を提供したりしているのである。したがって，一方当事者の立場でしか物事を考えられないと，民法の勉強はうまく進まない。自分たちが常識と思っていることも，立場を変えれば常識ではない，ということさえ世の中には沢山あるのである（学生の常識は先生の非常識とか，お姑さんの常識はお嫁さんの非常識ということなど。勿論，それぞれ逆もまたしかりである)。日常生活の中でも，極力，相手方の立場で発想したらどうなるか，ということを考えるようにしたらどうだろうか。

⑵　一刀両断にできる価値基準はない

少し民法の勉強が進んでくると，「民法には，この考え方に従って処理すればすべてが明快に整理できるという考え方ないし価値基準はないのですか」という質問をする人がでてくる。それは，たとえば刑法や手形・小切手法などにおいては，基本的な立場あるいは主義を決めると，ある程度体系が明瞭に見えてくるという面があるからなのだが，私は民法においては，そのようなものはないし，そのようなものを考えるのは間違いだろうと思っている。というのは，民法で扱う内容は，これまで見てきたように本当に多面的であり，また技術的でない素朴な形のものが多いので，一定の価値基準のあてはめによって整序できるものではないからである。この意味で，何か絶対的な尺度に頼ってそれで物事を理解していこうとする性格の人も，どちらかというと民法を苦手にする傾向がある。あえて言えば，抽象的だが，公平・自由・平等というのが民法の理想とするものであり，意思自治，私的自治というものを目指すのが民法の基本的な姿勢であること，そしてそれを実現するためには，当然，自らの身を自ら律することのできる市民像が前提として望まれていること，がいえるだろう。

なお，学生諸君の中には，そのような民法全体を覆う価値基準として，「取引の安全」を挙げる人があるが，これは間違いである。取引の安全というのは，たとえばＡの所有物がＢＣ間の行為によってＣの手に移ったとき，取引に入ってきたCの権利を保護しようとするもので，いわゆる動的安全をいうが，これを保護すれば，その結果，逆に真の権利者Aの保護（つまり静的安全）は確実に害されてしまう。動産の即時取得（192条）のように，この発想でできている制度もあるが，これは民法ではいささか特殊な制度である。民法の目指すのは，いうなれば動的安全と静的安全の最も望ましい調和の状態なのであって，どんなときでも動的安全ばかりを保護しようとするものではない（この点，たとえば民法の特別法としての商法は，商事取引の発展・円滑化を目的としているものであるから，この「取引の安全」が民法よりも強く保護されることを理解しておきたい）。

⑶　「利益較量（衡量）」は最後の手段

これも民法の勉強をだいぶ進めてくると，たとえばいろいろな事例で結局XとYのどちらを保護するかという結論の段階で，「利益較量（衡量）」という手法を取る学説が出てくることがある。どういう背景でそのような行為をしたのかとか，事態を認識する可能性があったのか等の当事者の諸般の事情を考慮して両当事者の保護すべき利益を比べるという手法だが，これも注意を要する。民法における判断の根拠は，条文解釈であり，当事者の意思解釈である。それらを抜きにした単なる利益較量による解決というのはありえない。条文というものは，それぞれが，予想される当事者間の利益のバランスを考えて作られている。したがって，まずは条文解釈として，その「条文に内在する利益バランスの取り方」の発見に務めなければならない。また，類推適用という，本来は別の対象に向けて作られている条文を趣旨が同じ等の理由で適用領域を拡げてあてはめるやり方も，この延長線上で理解されるべきである。それらをつきつめてなお，個別条文のあてはめと解釈では答えが出ないときに，最後の手段としてなされる利益較量も，多くの場合は，「このような状況でこういう法的手段を取ることを認めるのは，信義則に反する」とか，「このような状況でこういう権利行使をすることは（たとえ権利があっても）権利の濫用である」というように，**信義則違反**（1条②項）や**権利濫用**（1条③項）などの**一般条項**を条文根拠としてされるべきものである（一般条項による解決はその意味で最終的な調整手段となる）。

2　裁判制度と判例

初級者のために簡単に説明した「判例」というものの形成過程と引用の仕方について，ここで中級者向けに多少詳しく解説しておく。

わが国では，一般の法律紛争は，地方裁判所―高等裁判所―最高裁判所というように，最高3回の裁判所の判断を受けられる（訴額の少ない民事事件では最初が簡易裁判所で，簡易裁判所―地方裁判所―高等裁判所の三審制となる。また家庭事件を扱う家庭裁判所の裁判は，原則として一審家庭裁判所―二審高等裁判所までである）。最高裁判所を除く高等裁判所までの各裁判所の判断は，それぞれの事実を個別に争う事実審であり，最高裁判所は，法律判断（条文の解釈等）を中心とする。したがって，高等裁判所までの下級裁判所での判決は，いくら同種のものが蓄積されてきていても，まだ最高裁判所の判決が出るまでは，司法の判断が定まったといえない。当事者が高等裁判所の判決を不服として最高裁判所に上告し，最高裁判所の判決が出て初めて判例法理が形成される段階になるのである。そこで，高等裁判所までの下級裁判所での判決については，「判例」と呼ばずに「裁判例」と呼んで区別することもある。最高裁判所で類似のケースについて何度か同趣旨の判決が繰り返されたりすれば，判例法理が確立したといえるのである。したがって，そのような判例法理を形成した最高裁判決，あるいは単一であっても先例性の高い最高裁判決については，学習しておく必要がある。ちなみに，先例として評価されるべき最高裁判決は，裁判所側で選定して，最高裁判所の判例集（民事・刑事）に登載される（最高裁判所の判決が全部この公式判例集に載るわけではない）。たとえば，「最（三小）判昭和49年3月7日民集28巻2号174頁」と引用されていたら，それは最高裁判所第3小法廷で昭和49年3月7日に言い渡された判決で，最高裁判所民事判例集の28巻2号174頁に収録されているもの，という意味である。

なお，民法の出版社の発行する判例雑誌がいくつかあり，これらを見れば，最高裁判所ばかりでなく，高等裁判所，地方裁判所のほとんどの判決がそのいずれかには収録されている。「判例時報（判時と略す）」「判例タイムズ（判タ）」「金融商事判例（金判）」などがそれである。最高裁判所民事判例集とこれら民間の判例雑誌の両方に掲載されている場合は，最高裁判所民事判例集のほうで引用するのが通例であるが，その場合も，学習のためには，民間の判例雑誌のほうも見ておくとよい。それらの判例雑誌に収録する際には「コメント」と呼ばれる解説文を付ける場合が多く，それが学習に役立つからである。

3　中級者のための文献案内

民法では特に，条文の事案へのあてはめが重要である。それを学ぶためには，主要判例の解説書や，事例問題を挙げてそれを解説する演習書などを用いることが役に立つ。各種資格試験のための学習にも，大変有益であろう。そのためのものとしては，まず判例解説書として，中田裕康＝潮見佳男＝道垣内弘人編『民法判例百選』（有斐閣）を推薦していたのであるが，法改正によって，解説されるべき判例も大幅に変わることになろう。

さらに，いわゆる判例解説書ではなく，判例の学び方や読み方，調べ方，また判例を使ったさまざまな学習法等を伝授する総合的な「判例学習書」としては，池田真朗編著『判例学習の AtoZ』（2010年，有斐閣）を推薦していたのだが，現在絶版である。

そして，現行法と2017年債権関係改正法の対比がわかる民法改正解説書として，大村敦志・道垣内弘人編『解説　民法（債権法）改正のポイント』（有斐閣，2017年），同じく2019年相続法改正の解説書として，大村敦志・窪田充見編『解説　民法（相続法）改正のポイント』（有斐閣，2019年）
を挙げておこう。

4　上級者をめざす人のために

さらに，民法学習の上級者をめざす人のために若干のアドバイスを加えておく。ここは興味のない人は読み飛ばして下さってかまわない。

(1) 法解釈の出発点としての制度趣旨の理解

まず，民法は，私法の基本法で，作られてからもう120年以上もたっているので，もう解釈上の疑問点などなくなっていたのではないかと思われるかもしれない。しかし，実際には疑問はたくさん残されていた。それはひとつには，解釈論の出発点としての制度趣旨や規定の意義の解明が遅れていたからである。近年，この方面の研究は飛躍的に進んだが，それでもまだまだ学問的には多数の課題がある。そしてまた2017年の改正法も，新たな解釈問題を生むことになろう。

民法中のそれぞれの制度は，そもそも何を狙って，どういう趣旨で置かれたものなのか。これは，ひとつひとつの条文をどう解釈したらよいか，の重要な決め手になる。逆にいえば，なぜこう解釈すべきなのかがわからない，というところでは，制度趣旨にさかのぼって勉強してみてほしい。その場合，制度趣旨についての記述が十分になされている教科書とそうでない教科書があるので，いくつかの教科書またはよりくわしい体系書（後掲参照）と呼ばれるものを読み比べてみると良い。

(2) 社会変化と民法の解釈

次に問題になるのは，客観的に制度趣旨等を明らかにした上で，それぞれの制度や条文をどう解釈していけばよいのかということである。これは，社会における民法の役割をどう考えるか，特別法との関係をどうみるか，などといったこととも関係するし，いわゆる「法解釈学」と呼ばれる学問において理論とはどういうものなのか，という問題にもつながる。大変難しい問題である。

まず，そもそもの法律観として，法律というものは，立法の際に与えられた意義なり性質なり機能なりを，そのまま持ち続けると見るべきなのか，それとも法律は時代時代でどんどん進化して変わっていくものなのか，という争いもある（前者の考え方は立法者意思説，後者の考え方は法律意思説と呼ばれる）。おそらくこれは，その両方の要素が実際に存在するのだろうと思われるが，どちらに重点を置いて法を見ているのかによっても，解釈論における考え方の違いが出てくる。私は，まず法解釈の出発点として制度趣旨を正確に理解し，本来その条文が考えられていた意味を探究することによっていわば解釈の方程式の定数が定まり，これにもし，その立法当時の社会的要請と異なる要請が加えられるような社会変化（たとえば取引形態の変化や倫理観の根本的な変容など）があれば，それを方程式の変数として加味する，という考え方が適当なのではないかと考えている。

次に，社会の変化に対応して法も変わるべきだ，という発想から，法をどんどん改正するのがよいという考え方はどうだろうか。これも実はその法律の性格による。たとえば，商法というのは，民法よりも技術性・専門性の強い法律である。したがって，その領域においては，商取引の変化に着実・迅速に対応しなければならないので，改正の必要性・合理性が高い。実際にも商法はかなり頻繁に改正されている。しかし，民法は私法の基礎法であって，多数の特別法の発想の基礎になっている。しかも，多様な当事者，多様な取引形態を対象としている（売買契約一つにしても，お店から品物を買う話も，友人同士の愛用品の譲り渡しも民法の対象範囲である）。法的な安定性ということも考えなければならない。民法を改正するのか，新たな特別法を作って対処するのか，ということも重要な問題である。

(3) 法を扱う者として

最後に，民法に限らず，法を考える上での最も根本的な問いかけのひとつを紹介しておこう。法の解釈においても，さらに立法においても，どこかに我々の人智を超えた理想の到達点（自然法）というものがあると考えるのか，それとも，我々の現在持つ法を最上のものとして，これに一歩一歩改良を加えていけばよいと考えるべきなのか。これは古くから論じられている難問である。もし法律学について科学性ということを重視する立場に立つならば，当然，人智を超えたものの存在などは否定されるであろう。けれども，結局価値判断の学問であるところの法律学を，自然科学のような科学と同一の地平に置くこと自体，疑問がないわけではない。またなによりも，我々人間が不完全な存在であって，その不完全な人間がいくら英知をしぼっても，出来上がった法もまた不完全なものにとどまるはずだ，という謙虚な発想は，我々法を扱う者には不可欠であるという気もするのである。

5　上級者をめざす人のための文献案内

民法学習の上級者には，いわゆる基本書とか体系書と呼ばれる，判例・学説の詳細な紹介と著者の見解の示された書物を読んでいただきたい。基本書というのは，司法試験などの学習のために基本となる書という意味で用いられ，体系書というのは，多くの場合基本書よりもさらに分厚く詳細な言及があり，それぞれの学習のその分野の体系的な研究成果が示されているもの，と一応は説明される。ただしこれらのどちらに入れるのが適切か，迷うものも多い。本書では第４版までは財産法分野で私なりに推薦したい本を中心に挙げていたのだが，今回は2017年の法改正が取り込まれて評価が定まるまで，保留としたい。

Ⅳ　結びにかえて

結局，民法というのは，我々個人を生涯にわたって取り巻くさまざまな社会生活関係にかかわる多面的な法律で，人と人の意思的つながりを考えるという素朴なレベルから，保証債務や物的担保のように財産取引の生々しい損得勘定に直結するレベルまで，多様な「顔」を持っている法律である。それだけに学問的には究めることの難しい，広がりと奥行きを持った法律であるといえる。しかし，民法研究を生涯の仕事とするような人を除けば，それぞれの人が，それぞれの興味と必要性において学べばよいのがこの民法である。その意味で，民法は広範で奥も深いが決して取りつきにくい法律ではなく，逆に入口さえ間違えなければ大変親しみやすい法律であるといえよう。民法は，市民にとっても，受験生にとっても，学者にとっても，探究するべき魅力にあふれた小宇宙なのである。

本書は，民法についてまだまったく学習をしたことのない人，その中でも特に経済学や商学など，他の分野を専門に学んでおられる皆さんを対象にして，最も効率的に民法の内容と学習方法を概観できるように，そしてできるかぎり「民法学の望ましい入口と経路」をガイドできるようにと心がけて書いたものである。しかし，それ以外の方々も含め，ここまで読んで下さった読者の皆さんに，少しでもお役に立てたとしたら本当にうれしい。皆さんの今後のご研鑽を祈って，本書をひとまず結ぶこととする。

事項索引

あ行

悪意……36
遺言相続……226,234
遺言の撤回……237
遺言の方式……234
遺産分割……234
意思自治の原則……13,96
遺失物……78
　——拾得……80
意思主義……68
意思能力……27
意思の欠缺……36
意思表示……25,68
意思無能力者……28
慰謝料……129,132,216
遺贈……115,236
一物一権主義……63,83
逸失利益……130
一般条項……24,257
一般法……12
囲繞地……79
委任契約……122
違法性……131
違約手付……111
入会権……63,86
入会地……84
遺留分……239
　——侵害請求……240
　——権利者……240
因果関係……132
姻族……209
請負契約……120
氏……211
運行供用者……139
永小作権……63,86
営利社団法人……52
枝番……24,249
親子……209,216

か行

害意……132
外観信頼保護法理……42
会社……51
解除……105,107
解除条件……44
開発危険の抗弁……141
解約手付……110
学説……251
確定日付……177
　——ある証書……177
加工……81
貸金業規制法……120
果実……61
　——収取権……90
過失責任の原則……130
過失相殺……135,157
家族法……208
割賦販売……205
　——法……126
家庭裁判所……257
仮登記担保……203

簡易裁判所……257
簡易の引渡し……75
監事……53
間接強制……155
間接占有……75
監督義務者……136
監督者……136
元物……61
元本債権……154
期間の計算……47
機関保証……172
企業法務……187
期限の利益喪失約款……45
危険負担……101
帰責事由……106
寄託契約……123
寄付行為……52
求償権……183
給付……92
協議離婚……215
強行規定……15
教唆者……137
強制履行……155
供託……185
共同相続人……231
共同不法行為……137
共同保証……171
強迫……34
共有……83
寄与分……231
緊急事務管理……143
禁治産者……29
金銭債権……153
金銭賠償……134
区分所有法……84
組合……84
——契約……124
Clean Hands の原則……145
クーリング・オフ……125
経済原論……246
刑事上の刑罰……129
継続的契約……116
継続的保証……171
刑法……15
契約……26
——自由の原則……13,96
——譲渡……181
——上の地位の移転……181
——締結上の過失……99
——の解除……105
——不適合責任……14,111
結果回避義務違反……131
欠陥……139
血族……209
血族相続人……228
検索の抗弁……170
原始取得……79
原始的不能……99
現実の提供……182
現実の引渡し……75
原状回復……107
現存利益……143
限定承認……233
顕名主義……40
権利外観法理……42
権利能力……28
権利能力なき社団……55
権利濫用の原則……24
故意・過失……130
行為能力……27

公益社団法人……52
効果……38,248
交換契約……124
後見……219,221
――人……30,222
公示……67
――の原則……67
公序良俗違反の法律行為……27,145
公信の原則……77
公信力……72
公正証書遺言……235
拘束力……100
合同行為……26
高等裁判所……257
口頭の提供……182
合有……84,124
効力要件……69
雇用契約……124
婚姻……210
――適齢……210
――費用分担義務……212
婚約……213
混和……81

さ行

債権……148
――契約……95
――者主義……102
――者代位権……160
――者取消権……162
――者平等の原則……149
――準占有者に対する弁済……184
――譲渡……174
――譲渡登記……179
――の自由創設性……149
――の消滅……182
――の相対性……149
――の対抗要件……177
――の流動化……151
――発生原因……94
――法……92
最高裁判所……257
催告……108
――の抗弁……170
再婚禁止期間……211
財産管理権……220
財産的損害……132
財産分与……215
財産分離……241
財団……51
――法人……51
裁判離婚……215
債務者主義……102
債務引受……181
債務不履行……105,155
詐害行為取消権……162
詐欺……34
――・強迫による意思表示……34
先取特権……64,202
錯誤……36
――による意思表示……36
指図による占有移転……75
死因贈与……115,237
事業債務……173
時効……45,138
――制度の存在意義……50
――の援用……49
――の更新……48
――の完成猶予……48
――の放棄……49

自己契約……41
自己占有……88
持参債務……158
事実的不法行為……129
自主占有……88
自然人……50
自然法……262
示談……125
質権……64,200
失踪……57
——宣告……57
指定相続分……231
私的自治の原則……13,96
自働債権……186
自動車損害賠償保障法……139
自賠責保険……139
自筆証書遺言……235
事務管理……141
指名債権……174
社員……53
——総会……53
借地借家法……85,118
借地法……117
謝罪広告……134
社団……53
——法人……53
借家法……117
受遺者……223
重婚……210
住所……56
終身定期金契約……125
従物……61,199
受益者……104
受益の意思表示……104
熟慮期間……233
受働債権……186
取得時効……45
受任者……122
主物……61
受寄者……123
受領権者としての外観を有する者……184
受領遅滞……158
種類債権……152
——の特定……152
準共有……84
準禁治産者……29
準婚理論……215
準正……217
消極的損害……132
承継取得……79
条件付き代物弁済契約……185
使用者……136
——責任……136
使用貸借契約……119
承諾……177
譲渡制限特約……176
譲渡担保……203
消費者保護……125
消費者契約法……126
消費貸借契約……119
商法……12
消滅時効……45
将来債権譲渡……176
所有権……62,78
——に基づく妨害排除請求権……67
——留保……205
信義誠実の原則……24
親権……219
——者……31,219
身上監護……220

親族……209
親族法……208
親等……209
人的担保……150
審判離婚……215
信用保証協会……172
信頼関係破壊の法理……116
心裡留保……38
推定する……43
推定力……72
随伴性……192
制限種類債権……153
制限行為能力者……27,29
制限賠償主義……135
制限物権……63
精神的損害……132
成年年齢……29
製造物責任法……139
静的安全……256
正当防衛……131
成年後見制度……29
成年後見人……30
成年被後見人……29,221
責任財産の保全……159
責任能力……133
責任無能力者の監督者の責任……136
積極的損害……132
絶対的効力……167
善意……36
——取得……76
善管注意義務……122,151
選択債権……154
占有……87
——改定……75
——権……64,87
——訴権……89
——補助者……88
相殺……186
相続……226
——人……226
——人の不存在……241
——人の廃除……229
——法……226
——放棄……233
相対効……100
相対的効力……168
相当因果関係……134
双方代理……41
双務契約……98
総有……84
贈与契約……114
相隣関係……79
遡及効……42
即時取得……76
損害賠償……106,156
——額の予定……157
——の範囲……106,134,156

た行

対抗問題……70
対抗要件……68,69,177
——主義……68,177
第三者による弁済……183
第三者のためにする契約……103
胎児……138
代襲相続……228
代替執行……155
代物弁済……185
——契約の予約……185
代理……39

——監督者……136
——占有……88
——保管者……137
諾成契約……97
宅地建物取引業法……97,109,126
他主占有……88
多数当事者の債権関係……164
他人物売買……112
単純承認……233
単独行為……26
担保責任……99,111
担保物権……64,187
——法……187
地役権……63,86
遅延賠償……106
地上権……63,85
地方裁判所……257
嫡出子……216
中間法人……55
中間法人法……56
調達義務……153
調停離婚……215
直接強制……155
直接占有……75
直系尊属……228
直系卑属……228
賃借権……85
賃貸借契約……116
追認……32,42
通常損害……106,156
通知……177
通謀虚偽表示……38
——の規定を類推適用……72
定款……52
定期行為……108
定期借地権……118
定型約款……108
停止条件……44
抵当権……64
——の及ぶ目的物の範囲……198
——の順位……196
手付……110
——流し……111
——倍返し……111
典型契約……96
電子記録債権法……180
天然果実……61
添付……81
塡補賠償……106
ドイツ民法……10
登記……68
——と第三者……73
動機の錯誤……36
動産……74
——譲渡登記……205
——債権譲渡特例法……205
到達主義……26
同時履行の抗弁……100
動的安全……256
盗品……78
動物占有者の責任……137
登録……74
道路交通法……15
特定遺贈……236
特定商取引法……12,109,126
特定物債権……151
特別縁故者……242
特別寄与者……232
特別受益者……231
特別損害……106,156

特別法……12
特別養子……218
土地工作物責任……138
取消し……30,42
取立債務……158
取引的不法行為……129
取引の安全……256

な行

内縁……213
内容証明郵便……178
ナポレオン法典……10
二重譲渡……70,177
二重売買……70
日常家事債務の連帯責任……212
任意規定……15
任意後見契約……122
任意後見法……33,122
任意代位……184
任意代理……39
認知……217
根抵当権……198
根保証……171

は行

配偶者……209
——居住権……237
——短期居住権……239
——の相続分……230
賠償者の代位……157
背信性理論……116
背信的悪意者……70,74
売買契約……109
パンデクテン・システム……10
判例……251
——の準則……251
——法理……251
引渡し……68,75
非債弁済……145
被相続人……226
非嫡出子……216
非典型契約……96
非典型担保……203
被保佐人……29,30
被補助人……29,30
秘密証書遺言……236
評議員……53
——会……53
表見代理……41
表見法理……42
被用者……136
夫婦財産制……212
夫婦同氏の原則……211
夫婦別姓……212
付加物……198
不可分債権……165
不可分債務……165
不完全履行……106
付合……81
付従性……192
負担付死因贈与契約……115
負担付贈与……114
負担部分……167
普通の保証……170
物権契約……95
物権的請求権……66
物権変動……67
——の意思主義……68
物権法総論……65
物権法定主義……15,62

物上代位 ……193
物上保証 ……174
——人 ……174
物的担保 ……150
不動産登記法……73
不動産の付合……82
不当利得 ……143
不法原因給付 ……145
不法行為 ……128
——の損害賠償請求権 ……138
プライバシー ……132
フランス民法……10
分割債権 ……165
分割債務 ……165
別産制 ……212
弁済 ……182
——による代位 ……183
——の充当 ……183
——の提供……158,182
変動利率 ……153
片務契約……98
ボアソナード……10
法解釈学 ……260
包括遺贈 ……236
包括承継 ……233
幇助者 ……137
法人……50
——学説……55
——擬制説……55
——実在説……55
——の機関……53
——の設立主義……54
——の不法行為……55
法定果実……61
法定相続……226,228
——人 ……228
——分 ……229
法定代位 ……184
法定代理……39
——人……31
法定担保物権 ……64,193,201
法定地上権 ……200
法定利率 ……153
訪問販売法（旧法）…… 12,126
法律意思説 ……261
法律行為……26
法律婚主義 ……210
保佐 ……219
——人 ……30,223
補充性 ……170
補助 ……221
——人……30
保証契約 ……169
保証債務 ……168
本旨弁済 ……182

ま行

埋蔵物発見……80
未成年者……29
未成年後見人 ……222
未成年後見監督人 ……222
みなす（看做ス）……43
身分契約……95
身元保証 ……172
民事上の損害賠償 ……129
民事の法定利率 ……153
民法施行法 ……177
民法典の成立と沿革……10
無過失責任 ……130
無権代理……41

無権利者への弁済 ……184
無効……42
無主物先占……80
無償寄託 ……123
無償契約……98
無名契約……96
名誉 ……132
——毀損 ……134
物……60

や行

約定担保物権 ……64,193
遺言相続……226,234
遺言の撤回 ……237
遺言の方式 ……234
結納 ……214
有価証券 ……174
有償寄託 ……123
有償契約……98
有名契約……96
譲受人 ……175
譲渡人 ……175
用益物権……63
要件……37
養子 ……217
要式契約……97
要素の錯誤……37
要物契約……97
予約 ……110
——完結権者 ……110

ら行

利益較量（衡量）……256
利益相反行為 ……220
離縁 ……218
履行遅滞 ……106
履行不能 ……106
履行を補助する者 ……106
離婚 ……215
——原因 ……215
理事……53
利息債権 ……154
利息制限法 ……120
立法者意思説 ……261
留置権 ……64,201
類推適用 ……72,256
連帯債務 ……164
連帯保証 ……170

わ行

和解契約 ……125

Key word 索引（記載頁順）

権利能力……………………………………………28
善意・悪意…………………………………………36
要件・効果…………………………………………37
推定する・みなす…………………………………43
更新と完成猶予……………………………………49
社員……………………………………………………54
主物・従物、元物・果実…………………………61
対抗要件……………………………………………69
危険負担、債権者主義と債務者主義 …103
責めに任ず ………………………………………129
負担部分 …………………………………………167
確定日付と内容証明郵便 ………………178
企業法務 …………………………………………188

著　者　紹　介

池田真朗（いけだ・まさお）

1949年　東京生まれ
1973年　慶應義塾大学経済学部卒業
1978年　慶應義塾大学大学院法学研究科博士課程修了，博士（法学）
現　在　武蔵野大学教授，慶應義塾大学名誉教授
1996年から2005年まで司法試験第二次試験考査委員
2005年から2006年まで新司法試験考査委員（民法主査）
2012年紫綬褒章受章

主要著書

スタートライン債権法［日本評論社，第７版，2020］
スタートライン民法総論［日本評論社，第３版，2018］
新標準講義民法債権総論［慶應義塾大学出版会，全訂３版，2019］
新標準講義民法債権各論［慶應義塾大学出版会，第２版，2019］
債権譲渡の研究［弘文堂，増補２版，2004］
債権譲渡法理の展開［弘文堂，2001］
ボワソナードとその民法［慶應義塾大学出版会，2011］
判例学習のＡ to Ｚ［編著，有斐閣，2010］
法の世界へ［共著，有斐閣，第８版，2020］
現代民法用語辞典［編著，税務経理協会，2008］
民法 Visual Materials［編著，第２版，有斐閣，2017］
プレステップ法学［編著，第４版，弘文堂，2020］ほか

著者との契約により検印省略

平成９年９月１日　初版発行
平成11年12月１日　初版５刷発行
平成12年６月20日　改訂版発行
平成15年７月25日　改訂版４刷発行
平成17年２月10日　第三版発行
平成18年４月15日　第三版２刷発行
平成20年３月25日　第三版補訂発行
平成21年６月15日　第三版補訂３刷発行
平成22年８月15日　第４版発行
平成29年４月15日　第４版６刷発行
平成30年４月15日　第５版１刷発行
令和２年11月１日　第６版１刷発行

民法への招待
〔第６版〕

著　者　池田真朗
発行者　大坪克行
製版所　税経印刷株式会社
印刷所　有限会社山吹印刷所
製本所　牧製本印刷株式会社

発行所　東京都新宿区下落合２丁目５番13号　株式会社 税務経理協会

郵便番号 161-0033　振替 00190－２－187408　FAX（03）3565－3391
電話（03）3953－3301（編集部）
（03）3953－3325（営業部）
URL http://www.zeikei.co.jp/
乱丁・落丁の場合はお取替えいたします。

ISBN 978－4－419－06767－0　C3032